# THE STORY OF HERO
# 英雄的故事

李好宇 / 编著

哈尔滨出版社
HARBIN PUBLISHING HOUSE

图书在版编目（CIP）数据

英雄的故事 / 李好宇编著.—哈尔滨：哈尔滨出
版社，2019.5
ISBN 978-7-5484-3588-4

Ⅰ.①英… Ⅱ.①李… Ⅲ.①英雄－生平事迹
－世界－青少年读物 Ⅳ.①K811-49

中国版本图书馆CIP数据核字（2017）第173237号

书　　名：**英雄的故事**
YINGXIONG DE GUSHI

- - - - - - - - - - - - - - - - - - - - - - - - - - - - - - - - - - - - - - -

作　　者：李好宇　编著
责任编辑：韩金华　马丽颖
责任审校：李　战
封面设计：上尚装帧设计

- - - - - - - - - - - - - - - - - - - - - - - - - - - - - - - - - - - - - - -

出版发行：哈尔滨出版社（Harbin Publishing House）
社　　址：哈尔滨市松北区世坤路738号9号楼　　邮编：150028
经　　销：全国新华书店
印　　刷：哈尔滨市石桥印务有限公司
网　　址：www.hrbcbs.com　　www.mifengniao.com
E-mail：hrbcbs@yeah.net
编辑版权热线：（0451）87900271　87900272
销售热线：（0451）87900202　87900203
邮购热线：4006900345　（0451）87900256

- - - - - - - - - - - - - - - - - - - - - - - - - - - - - - - - - - - - - - -

开　　本：787mm×1092mm　　1/16　　印张：11.75　　字数：204千字
版　　次：2019年5月第1版
印　　次：2019年5月第1次印刷
书　　号：ISBN 978-7-5484-3588-4
定　　价：32.00元

- - - - - - - - - - - - - - - - - - - - - - - - - - - - - - - - - - - - - - -

# 序言

## 呼 唤 英 雄

英雄，永远是一个让人热血沸腾的字眼，总能让人联想起烽火岁月里金戈铁马、保家卫国的热血男儿，联想起危难时刻挺身而出、力挽狂澜的豪杰勇士，想起为追求理想甘愿抛头颅、洒热血的仁人志士……

但是，在越来越多元化的今天，解构、恶搞、无厘头渐渐被大众熟悉，一些英雄也不可避免地成为被戏谑的对象、娱乐的素材。而另一些英雄形象，像助人为乐的雷锋、舍身炸碉堡的董存瑞，要么成了遥不可及的政治符号，要么成了现代人难以理解的傻瓜，而不再是可敬的道德楷模。

英雄的光辉曾经照耀着无数人奋勇前行，英雄的故事曾经鼓舞无数人献身真理，难道随着科学技术的发展，我们的日常生活和精神世界中真的不再需要英雄了吗？

答案是否定的。

生活是一道道复杂的习题，每个人都在做出自己的解答，关于是非善恶，关于生存死亡，关于历史未来……身处其中不能不做出选择。而所谓的英雄，就是这样的一群人：他们不仅为自己的人生选择答案，也给他人的行为提供道德标准。

英雄并不是一个单纯的个体，他的行为也并非一种偶然，从某种意义上说，英雄是时代的代言人，在关键的时刻，在关键的问题上，英雄总是代替时代写下最响亮的答案。

传说中，英雄盘古创造了世界，他的身体发肤化作了万物；传说中，天神女娲创造了人类，修补了天空，拯救万民于水深火热之中。

传说中，吉尔伽美什斩妖除魔，普罗米修斯为人类盗来了火种，俄狄浦斯破解谜语挽救了底比斯城，海格立斯斩杀妖蛇为民除害。

而在浩如烟海的历史卷帙中，英雄的身姿更加多彩：

王者历来多豪杰，推翻暴秦成霸业，项羽悲歌亦英雄；汉武帝、唐太宗、成吉思汗、康熙帝文治武功，开一世太平；亚历山大征战成就帝国梦想；彼得一世立志革新，功高盖世；拿破仑颁布法典，恩泽世人。

但更多的却是平凡而崇高的平民英雄：

当面临异族入侵时，当民族存亡系于一线时，农家少女贞德挥戈从戎，戚继光、郑成功、林则徐任劳任怨，关天培、邓世昌喋血沙场，张自忠、杨靖宇以鲜血捍卫国家的尊严。

为了和平与自由，为了平等与梦想，圣雄甘地绝食以争，曼德拉坦然面对牢狱，马丁·路德·金慷慨激昂，秋瑾从容赴死，孙中山鞠躬尽瘁，特里莎修女呕心沥血。

在反抗压迫、反抗剥削、争取独立的斗争中，英雄更是层出不穷。华盛顿与士兵同甘共苦，缔造了美国；圣马丁献身解放事业，功成身退；加里波第转战南北，驱逐殖民者，为意大利的统一奠定基础；玻利瓦尔致力于民族独立解放斗争。

……

英雄的事迹数不胜数，英雄的精神万世长存。时光流逝，英雄的光辉从不褪色，英雄的魂魄精神从未走远，他们一直照耀着、守护着整个人类。

我们不能回避英雄，因为任何回避都意味着我们内心对自身道德修养的放松和不自信。一代有一代之英雄，当比尔·盖茨成为信息时代新英雄的时候，财富也并不是最重要的指标，为人民服务仍旧是主旋律。

站在时代的风口浪尖，我们怀念逝去的英雄，也呼唤新的英雄！

# 目录

1

2

# 神话英雄

历史的长河滚滚淌过，古今多少英雄人物，谈笑间成为尘土，静静地被它的水声淹没。古老的神话和传说中的英雄，赢得生前的荣光，却不会知道，数千年之后，谁能被记住，谁会被遗忘……星河灿烂，我们能看见的只有最亮的那几颗，我们能记住的也只有最伟大的那几位英雄。拨开层层历史的帘幕，让我们一一细数……

远古的洪荒时代，人们茹毛饮血，衣不蔽体。由于自身力量的弱小，他们向往自然界神奇的力量，幻化出创世造人的神与捍卫正义的英雄，并憧憬美好和平的世界。这些奇妙的想象经过人们的艺术加工，常流于世。今天，我们看到这些古人智慧的结晶，不禁赞叹称奇。

英雄惺惺相惜　合力斩妖牛

幼发拉底河和底格里斯河像两条闪闪发光的绸缎，在棕褐色的亚洲西南大陆上蜿蜒铺开，中下游地区在河水冲积下，形成了一大片肥沃的土地，在这里孕育了美索不达米亚（源出希腊语，"两河之间的土地"的意思）平原辉煌灿烂的古代文明。

在这片神奇的新月地带，不知发生过多少传奇，壮丽的史诗如一只斑斓的凤尾蝶，惊醒了千年的旧梦。吉尔伽美什是否也能被惊醒？他在睡神的兄弟那儿寂静地躺着，双眼紧紧合起，疲惫不堪，仿佛精疲力竭。是啊，他确实累极了，经历了那么多风风雨雨，看破了人类生死的秘密，他终于可以放松肌肉虬结

吉尔伽美什像

3

第一章　神话英雄

的手臂,平静地躺下如婴孩般沉睡。一位英雄完成了他的使命安然离去,关于他的传说在人们的口中世代传颂。乌鲁克的臣民日复一日、年复一年地繁衍生存着。在田间劳作的人们、树下纳凉的父老,每次抬起头仰望天空,他们的心中都会闪现出昔日国王——吉尔伽美什的身影。在他的护佑下,乌鲁克王国才能一次次渡过难关,才能有日后的繁荣昌盛。

吉尔伽美什不是平凡的人,他是众神创造出的完美产物。他不仅有完美的身躯,还有众神赋予他的过人的智慧、出众的仪容和大无畏的勇气,有着人类无法企及的所有完美品质。可是作为乌鲁克的国王,刚登上王位的吉尔伽美什性情暴烈、骄奢蛮横、荒淫无度,根本不体恤自己的臣民,搞得民不聊生,怨声载道。

在他的统治下,虽然整个国家太平无事,但臣民们对他的感情却极其复杂,既畏惧、怨恨他的野蛮残暴,又崇敬、依赖他超人的能量。善良的百姓在矛盾中向天神哭诉,请求天神帮助他们解决这个难题。于是,天神特意为吉尔伽美什创造了一个对手恩奇都,试图让他征服吉尔伽美什。

恩奇都与百兽为伍,有着野兽般敏锐快速的反应,若不是他长着与人类相同的躯干,恐怕很难将他与野兽区分开来。吉尔伽美什与他之间发生了一场激战,一个凭借着神一般强悍的力量,一个凭借着野兽般粗犷强健的体魄,两人展开了惊天动地的拼杀。广袤的平原上狂风怒吼,飞沙走石,只有自然的声音,其他生物仿佛都察觉到了危险,早已躲避得无影无踪。两个勇士你抓着我的臂膀,我抓着你的肩,搏斗了很久仍不分胜负。正所谓惺惺惜惺惺,英雄识英雄,吉尔伽美什哈哈一笑,主动认输;恩奇都也感到无法战胜对手,佩服他的神武,更被他谦让的胸怀感动,决定从此以后终生做吉尔伽美什的仆人。

两人名为主仆,实为兄弟一般的朋友。恩奇都的兽性渐渐退去,对自然的敏锐感觉也逐渐消失,人类特有的智慧却在不断增长。吉尔伽美什的残暴也慢慢消失,灵魂深处所埋藏的公正、同情、仁爱等品格逐渐显露出来。他成为了一个贤明的国君,整个乌鲁克就像他手中呵护的幼雏,他给予它最大的关怀、最好的照顾。乌鲁克人民沐浴在他的光辉下,过着幸福而充实的生活。为了国家的安定繁荣,也为了人民的安居乐业,吉尔伽美什和恩奇都合力杀死了巨大的杉树妖洪巴巴,做了许多有益于臣民的事,赢得了人民的爱戴和女神伊什塔尔的青睐。

伊什塔尔生性浪荡,曾经有过许多位丈夫。她看到吉尔伽美什过人的智慧、出众的美貌和大无畏的勇气,不禁芳心暗许。她希望吉尔伽美什能成为自己的现任丈夫,但吉尔伽美什拒绝了女神的求婚。虽然她是天上的神,能够为他带来数不清的荣华富贵，还能享受到神仙般的待遇，但是，吉尔伽美什不屑这个水性杨花、四处留情的女神的爱慕。他高尚的人格和君王的尊严让他对伊什塔尔嗤之以鼻。不仅如此，连恩奇都也奚落了她一番。恼羞成怒的伊什塔尔回到天庭，哭着向天神父亲告状，述说自己的委屈。天神听信了伊什塔尔的话，不禁勃然大怒，派了一头天牛下凡，任它胡作非为，祸害人间。

天牛所到之处都燃起熊熊的火焰，草木枯萎了，河流干涸了，大地变成一片焦土，许多乌鲁克人都惨死在天牛手里。看到乌鲁克子民的泪眼和他们被熏黑的面庞，吉尔伽美什气愤难当，决心为民除害，就算它是天上的神牛也决不退缩。他和恩奇都齐心协力与天牛展开激战。天牛打着响鼻，喷着火焰冲了过来，吉尔伽美什和恩奇都抓住它的犄角，用手中的利器刺划坚硬的牛皮，烈焰翻腾，热浪滚滚，他们脸上汗流如雨，汗又迅速被灼热的空气烤干；身上的伤痕不断增加，鲜血止了又流，流了又止。经过了一场殊死搏斗，两个人终于合力杀死了这头作恶多端的天牛。

吉尔伽美什和恩奇都一起制伏天牛

乌鲁克得救了！但怒火中烧的天神为了报复吉尔伽美什和他的伙伴，让噩梦降临到恩奇都的睡眠中。连做了三个晚上的噩梦后，恩奇都终于病倒了，像泰山轰然坍塌，竟然逐渐病入膏肓，最后在疾病中死去。面对好友的尸体，吉尔伽美什痛不欲生，他多么希望眼前的事不是真实的，多么希望恩奇都只是睡着了，过一会儿就会醒来。但他知道这只是他的幻想。吉尔伽美什带着对挚友的怀念和对死亡的恐惧，踏上了新的征途——探寻永生的秘密。

历经千难万险，吉尔伽美什终于在太阳升起之处、死亡之海海边找到了传说之岛——迪尔蒙。人类始祖乌特·纳比西丁就住在那里，他是大洪水之后唯一活下来的人，也是一名永生者。但永生的机会就像退去的大洪水，不可能重新再来一次。看着吉尔伽美什无比失望的神情，乌特·纳比西丁心生同情，告诉了他另一个方法。吉尔伽美什听从老人之言，潜入深海，得到了世上独一无二的能让人永葆青春的仙草。吉尔伽美什想，只要把它带回乌鲁克，整个乌鲁克的人都可以得到永生了。带着美好的愿望，身心疲惫的英雄陷入了深沉的睡眠。没想到一条蛇偷吃了仙草，获得了永生，而吉尔伽美什只能带着悔恨回到乌鲁克。

记述《吉尔伽美什史诗》的泥版

他怅然若失，始终为人类的生死问题所深深困扰。"人为什么不能长生呢？我和我的臣民如何才能长生不死呢？"困惑中他与挚友恩奇都的灵魂相遇，恩奇都用悠远的声音告诉他："我的身体已经蔽满灰尘……生命不能永生，肉体终将消失。"吉尔伽美什听了好友亡魂的诉说，最终不得不接受这个残酷的现实。他希望自己、好友和整个乌鲁克人民都能永生的梦想破灭了，并且他自己的生命之光也即将熄灭。

怀着对乌鲁克臣民的热爱和对美好生命的不舍，老迈的吉尔伽美什走到了人生尽头。华美高贵的衣衫之下，这个贤明勤政的国王只是个遍体伤痕、形容枯槁的老人。他慢慢合上了他的眼睛，安然进入了永恒的国度。

幼发拉底河和底格里斯河河水依旧连绵不绝，河水抚平了多少历史的伤痛，美索不达米亚平原上相继建起了数不清的灿烂的文明。4000多年前的泥版书被深深埋藏，上面的楔形文字记述着一个古老的英雄故事，他和他的朋友一起杀死树妖，斩除天牛；他曾孤身寻找永生之法，最后还是和他的朋友一样长睡不醒。

每当和煦的微风吹拂着草原，每当灿烂的阳光照耀着泥版书，人们不禁会想到在很久很久以前的美索不达米亚平原上，曾有这样一位英雄……

## 特洛伊传奇 阿喀琉斯

为友披金甲 热血洒战疆

在有史以来最著名的战争中,特洛伊战争无疑是最为人熟知的一个。为了夺回被特洛伊王子帕里斯抢走的斯巴达王后——绝世美女海伦,希腊人组成了强大的联军,重兵赶赴特洛伊,从此,双方进行了长达十年的战争。在这场战争中,涌现了不计其数的英雄人物,他们为了祖国的荣誉和个人的尊严,奋不顾身,浴血杀敌,演绎了一部部可歌可泣的英雄故事。特洛伊的赫克托耳、埃涅阿斯、帕里斯,希腊联军中的阿伽门农、阿喀琉斯、大小埃阿斯、墨涅拉俄斯、奥德修斯、帕特洛克罗斯等等都是其中的佼佼者。在这些英雄中,最英勇、最为人尊崇的是希腊联军中的阿喀琉斯,他是这场旷世之战中最光彩夺目的大英雄!

战斗中的阿喀琉斯英姿

7

第一章 神话英雄

海洋女神忒提斯与阿耳戈英雄珀琉斯唯一的儿子、令希腊联军士气高昂、令特洛伊人闻风丧胆的英雄——阿喀琉斯,有着不同寻常的成长经历。"天将降大任于是人也,必先苦其心志,劳其筋骨,饿其体肤。"但凡有重大成就的人,都经历过磨炼,吃过不为人知的苦,从而奠定以后走向成功的基础。

阿喀琉斯年幼时,身为女神的母亲便对他寄予厚望,希望这个从小就俊美英武不凡的儿子能和自己一样成为伟大的神。每天夜里当丈夫酣然入睡以后,她便将孩子放在天火中烧灼,焚毁掉他身体中人的部分,使他无比圣洁,更接近于完美的神。白天则用香膏治愈烧灼后的肌肤。他的母亲还倒提着他的双脚,把他浸在提斯克斯冥河的水中,以致除了没有沾到河水的双脚之外,阿喀琉斯刀枪不入。然而这件事很快被珀琉斯发现了,他看见儿子在火焰中的情景,愤怒地阻止了这一切。他不知道自己的举动,不仅中断了阿喀琉斯从人到神的修炼进程,而且埋下了这个孩子悲剧命运的根由。

在与特洛伊及其盟国的作战中,阿喀琉斯无疑是最英勇的战士,只要有他参与的战役,他总是冲到最前线,挥舞着用整株白杨树干制成的大矛,将敌人杀得丢盔弃甲,落荒而逃。每一次辉煌的胜利都给他带来无数的战利品,但是,作为一名备受尊敬的斗士,阿喀琉斯总是将他拼死战斗取得的战利品分给别人,自己只拿其中一小部分。

嫉妒和愤怒是人类最大的敌人。阿伽门农,希腊联军的统帅,因为自己

器皿上的阿喀琉斯和赫克托耳激战图

的战利品被众人选去献祭,居然迁怒于阿喀琉斯。他依仗自己的统帅地位,不顾众人的反对,强行从阿喀琉斯那一小部分战利品中取走了他最为喜欢的女奴。作为一名战士,阿喀琉斯受到如此侮辱,不禁愤怒地说:"当你们再次面对特洛伊人的矛头时,不要来寻求我的援助!为了我的光荣和自尊,我将不再参与这场战争!"

然而,希腊离不开这位英雄。接下来的几场战斗更加惨烈,更加残酷,尸横遍野,血流成河,无数英雄在战场上倒了下去,两军营中都充满了悲恸的呼号。在没有阿喀琉斯参与的战场上,最勇敢的英雄当是特洛伊王子赫克托耳,没人能抵挡得住他的攻

8

势,特洛伊人在他的带领下,势如破竹,将希腊联军逼退到海边。这时,只有阿喀琉斯能力挽狂澜,虽然他对那些死去的希腊战士心有愧疚,但他暂时还是不能忘记阿伽门农对他的侮辱。于是他把如太阳般闪亮的盔甲交给了至交好友帕特洛克罗斯,让好友装扮成自己的模样出战。当特洛伊人看到穿着阿喀琉斯盔甲的帕特洛克罗斯时,惊得跌下马车,不战自败,溃不成军。在他们眼里,这个犹如战神的勇士,是无人能与之对抗的!

　　不幸的是,赫克托耳发现了盔甲的秘密。当他知道盔甲下并不是阿喀琉斯本人时,他得意地冲过去,手中的矛刺穿了帕特洛克罗斯的背脊……

好朋友的死让阿喀琉斯痛不欲生

　　帕特洛克罗斯倒下了,好朋友的死点燃了阿喀琉斯心中的怒火,他悲愤地撕扯着自己的头发,无法抑制眼中的泪水。犹如海潮一般汹涌的怒火和像海洋一般幽深的悲伤让这个英雄再次站了起来,像一棵挺立在山崖上的古松。他穿上新的战甲,举起坚如城墙的盾牌,率领众人走出战败的阴云,再一次回到了战场。

　　风猎猎地吹着,天空中乌云翻涌,云层之间的空隙洒下金色的阳光,洒落在阿喀琉斯的战甲上。他挺拔的身躯犹如巨大的石雕屹立在天地之间,浑身包裹在战甲中,散发着愤怒的火焰,笼罩在他周身的阳光将他衬托得犹如天神。现在的阿喀琉斯就是一尊战神,为了希腊联军的尊严,为了亲爱的战友帕特洛克罗斯的死亡,为了他自己——希腊最伟大的英雄阿喀琉斯——的光荣,再次回到属于他的沙场。他将改变

第一章　神话英雄

这场战争的命运，甚至不惜以自己的生命换取希腊的胜利！

整个战局顿时扭转。本来像一群疯狂的野兽一般追击希腊联军的特洛伊人，看到了屹立于高处的阿喀琉斯，一个个被吓得肝胆俱裂，转身奔逃。希腊联军追随着阿喀琉斯，犹如狮进羊群，追击这些胆小的逃遁者，取得了渴望已久的胜利！而赫克托耳，这名特洛伊王子，是这场战争中特洛伊人的精神领袖，更是杀害了帕特洛克罗斯的刽子手，看到阿喀琉斯奋不顾身的英姿，不禁胆怯，掉转身子拼命奔逃。阿喀琉斯哪里会放过他！阿喀琉斯穷追不舍，围着特洛伊城跑了三圈，终于追上赫克托耳，以英雄的方式面对面地提出挑战。其实在这场单打独斗进行之前，胜负就早已确定。赫克托耳怎是暴怒的阿喀琉斯的对手！希腊最伟大的英雄高举起他的长矛投向对手，刺穿了赫克托耳的厚盾深深地插入他身后的地上。赫克托耳顿时冷汗直流，咬着牙拔出剑向阿喀琉斯砍去。阿喀琉斯也举起了他的大矛，两人一来一回，剑与矛之间迸发出炽烈的火花。刺、劈、扫、挑……长矛在阿喀琉斯手中如游龙一般矫健，几个回合下来，阿喀琉斯终于找到赫克托耳头颈之间的破绽，狠狠刺入，为他的朋友帕特洛克罗斯报了仇。

得胜的希腊联军欢呼着庆祝胜利，同时也悲痛着祭奠死去的英雄。同样悲痛的还有赫克托耳年迈的父亲，特洛伊的国王。他冒着生命危险潜入了阿喀琉斯的住处，悲泣着乞求赎回儿子的尸体。面对白发苍苍的老国王，阿喀琉斯不禁潸然泪下。他宽容地原谅了敌人，善良地让老国王带回了孩子的遗体。

命运并不总按人们所希望的那样发展，天妒英才也总是应验在那些最不愿发生这种状况的人的身上。阿喀琉斯，这位勇者之中的最勇猛者，这位英雄之中最伟大的英雄，这名集智慧、勇猛、善良、高贵于一身的战士，在战场上，被受到阿波罗指点的帕里斯用一支冷箭射穿了脚踵——他身上唯一会受伤的地方。他不是神，他那身为神的母亲还没来得及让他褪去人的部分，他终于得到了战士最后的归宿，倒在了沙场上……

希腊人民在哀悼，神祇也为他流泪。他倒下去了，但希腊人不会倒下去！特洛伊城终于被攻破了！英魂在天，万人共祭！历史的长河湮灭了多少风流人物，淘尽了多少英雄豪杰。一代代人长埋于尘土，被世人遗忘，但阿喀琉斯不会！在我们心中，这位最伟大的英雄，永远屹立于天地间，被我们崇敬地仰望，犹如仰望浩瀚夜空中那颗最璀璨的明星！

# 伊塔卡之王
## 奥德修斯传奇

机智夺重城　神勇斩群丑

在公元前 8 世纪后半叶，一个盲眼的吟游诗人荷马，给人们留下了古希腊最古老也最为人所传颂的史诗。荷马用他那低沉而浑厚的嗓音，诉说着古希腊英雄们的故事。在这场十年战争的最后，希腊联军凭借奥德修斯的木马计终于攻陷特洛伊城，至今仍为人们所津津乐道。特洛伊城下，曾扬起过多少烽烟，而在这场战争的背后，那个一脸刚毅的英雄、伊塔卡岛之王奥德修斯，又流淌了多少血水与汗水，在他的荣光之后，又有多少不为人知的艰辛？

由于一只金苹果，赫拉、雅典娜和阿佛洛狄忒三位女神争夺起来，最后特洛伊王子帕里斯把苹果判给了阿佛洛狄忒。阿佛洛狄忒为感谢帕里斯，帮助他拐走了斯巴达的王后海伦。这个美人竟然引发了一场旷日持久的战争。

被激怒的希腊人组成联军，向特洛伊宣战。希腊西部伊塔卡岛之王奥德修斯，勤劳地治理着自己的国家，他接受了阿伽门农的邀请加入希腊联军，投身到对特洛伊的战争中。在这场历经十年的战争中，奥德修斯凭借他过人的智慧和精湛的武艺屡建奇功，其中至关重要的木马计也是来自奥德修斯睿智的头脑。

希腊联军中尽管有迈锡尼王阿伽门农、英勇善战的阿喀琉斯，但城防坚固的特洛伊城还是久攻不下。奥德修斯在雅典娜的庇佑下，想出了一个计策，让希腊人假装撤退，在海岸上留下一个巨大的木马。特洛伊人看到希腊联军撤退，以为自己获得了最后的胜利，欢呼雀跃，并不惜破坏城墙，把奥德修斯留下的木马当作战利品运到城中。当天晚上，藏在木马里的希腊人与城外的希腊联军里应外合，将没有丝毫防范的特洛伊人杀得措手不及、丢盔弃甲，终于取得了战争的最终胜利。

在战争胜利之后，希腊英雄们陆续返回自己的城邦，奥德修斯和他的伙伴也不例外。但在他们返回家乡的行程中，却遇到了难以想象的困难。

回国途中，奥德修斯不幸遭遇到风暴，好不容易抵制住北非岸边的食莲人国度一种甜果的诱惑，没有沉醉在那儿，而是继续起航，但又进入独眼巨人的领地。奥德修斯依靠超凡的智慧，用烤热的巨大的木杆捅瞎了巨人波吕斐摩斯的独眼才得以逃生。才离狼窝，又入虎口，刚摆脱穷凶极恶的独眼巨人，又进入食人族的海岛，受到他们的攻击，奥德修斯和他的伙伴只能赶紧离开，继续在海上漂流。他以超出常人的意志力和神一般的力量，破解女巫喀尔刻的法术，战胜女妖塞壬动听歌声的诱惑，穿过海怪斯库拉和卡律布狄斯居住的海峡，拒绝仙女加里普索的七年挽留，总之历尽千辛万苦终于回到了阔别二十年的故乡。

奥德修斯和同伴们经受住了海妖的诱惑返回家乡

然而，奥德修斯的苦难还没有结束。在他作战未归的日子里，有一百多名求婚者强行住进了他的宫殿,向他的妻子珀涅罗珀求婚,企图在得到美人的同时得到奥德修斯留下的基业。珀涅罗珀想要拒绝,但那些无耻的求婚者却逼着她一定要选出一人来当丈夫。无助的珀涅罗珀白天编织,晚上拆线,以没有做好衣服为借口加以拒绝。但是,那些人依然赖在皇宫不走,珀涅罗珀只能以泪洗面,日夜祈祷奥德修斯早日归来。奥德修斯在雅典娜的帮助下化装成一个乞丐,潜入宫殿,向儿子忒勒玛科斯表明身份,儿子表示愿意帮助他查清真相,惩戒恶人。

奥德修斯的妻子珀涅罗珀受到求婚者的骚扰,无助的她
白天编织,晚上拆线,以没有做好衣服为借口加以拒绝

奥德修斯扮成乞丐进入大厅,身心疲惫的珀涅罗珀在众多求婚者的逼迫下,决定孤注一掷,她叹息着说:"往事如浮云,我与奥德修斯在一起的日子,转瞬已经过去了那么多年。我将在明天举办一个射箭比赛,能用奥德修斯的硬弓一箭穿过十二把斧子的小孔的人,将成为我的丈夫。"

珀涅罗珀并不知道自己朝思夜盼的丈夫已经回来,她只好让儿子去做这场比赛的裁判,暗中却在做向那些挑衅者报复的准备。奥德修斯看到妻子被羞辱的场面,强忍着愤怒准备在比赛场上把他们惩治一下。

比赛开始了。那些徒有其表的求婚者,并不知道角落里衣衫褴褛的人就是英勇的奥德修斯。他们像一群骄傲而肤浅的锦鸡,对着一只收拢了美丽尾羽的孔雀炫耀着背后的鸡毛。他们趾高气扬地走上前来拉奥德修斯硕大无比的弓,又垂头丧气地放下——他们使出了吃奶的力气,仍然没有人能拉得开这张弓。这时,奥德修斯像一

第一章 神话英雄

头雄狮般站起来,破烂不堪的衣服掩盖不住满身的英武之气,满身的污渍也遮挡不住他慑人的威猛之势。他犹如一棵擎天大树一样,张开双脚,平举双肩,猛然拉开那张曾被他无数次擦拭过的弓。弦如满月,箭如流星,倏地一下,利箭贯穿十二把斧子柄上的小孔,深深地射入墙上。所有人都惊异而畏惧地望着这个乞丐模样的人,只见他缓缓地转过身,以沉着而缓慢的声音说:"我就是奥德修斯,你们想娶的王后的丈夫,你们所在宫殿的主人!"一百多名求婚者一个个吓得肝胆俱裂,甚至不能拿稳手中的剑。奥德修斯如一头愤怒的狮子,和他的儿子忒勒玛科斯以及仍忠于他的仆人一起,将这些无耻的求婚者杀得七零八落,片甲不留。这些小丑终于得到了应有的惩罚,鲜血平息了奥德修斯的愤怒和珀涅罗珀的哀愁。

奥德修斯拉开了自己的弓箭,射死了无耻的求婚者

　　珀涅罗珀望着突然出现的奥德修斯,不禁目瞪口呆,几乎不敢相信这是真的,巨大的喜悦席卷她全身,眼泪止不住地滚落。是啊,从奥德修斯去征讨特洛伊开始,二十年的光阴过去了。现在,奥德修斯,伊塔卡之王终于又回来了,回到了他的寝宫,回到了他忠诚的妻子珀涅罗珀的身边。

　　最后的胜利属于奥德修斯。这个机智、英勇、刚毅的英雄,无论面对多大的挑战都永不退缩,以他神一般的意志抵制种种诱惑,以他的才智谋略征服千难万险,以他的大无畏精神赢取了最终的胜利!他不是神,但在希腊联军心目中,在伊塔卡人民心目中,在他的妻子珀涅罗珀和儿子忒勒玛科斯心目中,在后世人心目中,他是能和众神比肩的大英雄!

# 俄狄浦斯王传奇

### 解谜救底比斯　毁目赎罪愆

　　命运女神总是那么不近人情,给世上的人设下了一个又一个意料之外的结局,不管人们愿意还是不愿意。平凡的人、出众的人、卑劣的人、高贵的人,都解不开命运女神手中的纺线。但人的命运可以被设计,人的意志是自由的。在命运的轮回中,无数的人以坚毅的意志,过人的才华与命运斗争。不管他们最后的结局如何,他们的精神是不朽的,因为他们抗争过,他们努力过,他们奋斗过!

壁画上的俄狄浦斯与斯芬克司

站着的英雄即使死去,也庄严如天神;匍匐于泥泞之中的小丑就算寿比彭祖,也只如草丛间的蝼蚁。

俄狄浦斯的一生,就处在残酷的命运漩涡中,他在里面奋力挣扎,以人力抵抗上天的意志,企图突破这个界限。虽然他最终还是无法挣脱命运的枷锁,但他的血泪却让草木为之凝霜,让后世人为之落泪……

俄狄浦斯是底比斯国王拉伊俄斯和城中贵族之女伊俄卡斯达的孩子。他是他们唯一的孩子,但他出生前,有预言说他将弑父娶母。多么可怕的预言!为了避免这样的情况出现,国王和王后唯有狠心杀死刚出生不久的婴孩,但他们怎么也下不了手,于是将他交给了一位牧人。善良的牧人看着还是婴孩的俄狄浦斯,不忍心就这样断送了一个生命,于是将他偷偷送往邻国。邻国的国王收养了他,对待他如同自己的亲生儿子。

长大后的俄狄浦斯是一位快乐而自信的青年,可怕的预言再次响起。善良的俄狄浦斯并不知道疼爱他的父母只是养父母,怀着对养父母的深爱,他毅然离开了他们,孤身前往他真正的故乡——底比斯。俄狄浦斯以为这样便能摆脱命运的束缚,只要不伤害他的父母,他愿意做出任何牺牲,即便背井离乡,流浪他国。

世界上最痛苦的事莫过于让一个善良的人在无知的情况下犯下不可饶恕的罪,可在最后又让他发现真相,接受心灵和肉体的双重惩罚。

在一个三岔路口,俄狄浦斯看到一个老人和他的御者乘着华丽的马车,推挤着路上的行人,甚至向手无缚鸡之力的行人挥鞭。他怒火中烧,忍不住出手教训了马车上的人,可是失手打死了老人。并没有感到什么特别的俄狄浦斯继续前行,一直走到底比斯城外。

在底比斯城外,有一个人头狮身、还长着一双巨大翅膀的怪物威胁着整个底比斯。她叫作斯芬克司,用各种难解的谜题刁难来往行人。没有人能答对斯芬克司的谜题,也没有人能从她面前走过。那些人都被这个狮身人面的怪物撕碎吞进了肚子。

在底比斯城里,也传来老国王被杀的消息,底比斯城面临着巨大的灾难!

国舅克瑞翁宣布,谁能为底比斯斩除斯芬克司,谁就能获得王国并能娶美丽的王后伊俄卡斯达为妻。

正准备进底比斯城的俄狄浦斯恰巧遇到了斯芬克司。斯芬克司看着这个不俗的年轻人,想到了一个最难的谜题问他:"有什么东西,在清晨用四只脚走路,在中午用两条腿走路,而到了晚上又用三只脚走路,而且脚越多,速度和力量就越小?"

这个问题曾难倒了无数的人,斯芬克司得意地看着俄狄浦斯,心想自己又多了一道美味的午餐,何况这个俊美无俦的青年看着就觉得很可口。

聪明的俄狄浦斯猜出了斯芬克司的谜语,解救了底比斯城

但俄狄浦斯只是笑了一下,便回答说:"这是人啊。人在生命的早晨是婴孩,用四肢爬着;到了生命的中午,正值壮年,当然用双脚行走;及至生命的晚上,老人力量、体力大不如以前,得依靠拐杖,就变成三只脚了。"他说完微笑着站在那里,仿佛一点儿也不觉得这个题目有什么难的。

斯芬克司没想到居然有人能猜出谜底,无比沮丧,又是愤怒又是绝望,大吼一声,跳下了山崖。山崖被它的急速下坠而震动,落下的石块掩埋了斯芬克司的尸体。

整个底比斯城欢声雷动,人们载歌载舞,为这个不费一兵一卒就除掉了斯芬克司的英雄而欢呼。人们将他拥上了王位,庆幸有了一位贤明而有智慧的好国王。俄狄浦斯也如愿以偿,娶美丽的王后伊俄卡斯达为妻,贤明地治理着整个底比斯城,直到一场突如其来的瘟疫席卷全国,整个底比斯城陷入到水深火热之中。

命运女神没有因为俄狄浦斯的善良和智慧而改变她的决定,命运的纺轮依旧按她的意愿转动着。俄狄浦斯怎么也没想到,这场瘟疫是为了让他发现自己无意中犯下的罪愆。那个在三岔路口被他不小心打死的老人,正是原底比斯城的国王,也是他的亲生父亲拉伊俄斯,而他现在的妻子,王后伊俄卡斯达正是他的生母!他那么努力,离开自己生长的地方,可最终还是没有摆脱弑父娶母的宿命。痛苦像潮水一样席卷了他的全身,他撕扯着自己的头发,觉得自己是个无可救赎的罪人。他不愿相信眼前发生的事,用御榻上的金钩深深刺入自己的双眼,但肉体的痛苦还不能减轻他心灵的悲怆,他披散着头发,跑出了皇宫,离开了底比斯城,这个他真正的故乡……

俄狄浦斯在流浪中忏悔着他无心的罪过,心灵和肉体的双重惩罚让他痛不欲生。他无法原谅自己,但他的人民原谅了他。一个善良的人在无知的情况下犯下不可饶恕的罪,可在最后又让他发现真相,对他来说是最大的痛苦。人们深深敬爱这位国王,看到他如此痛苦,又怎么忍心去苛责他!

17

第一章　神话英雄

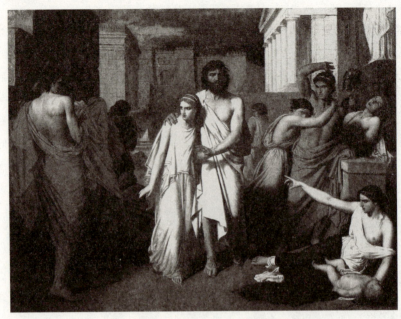
自毁双目的俄狄浦斯和女儿离开底比斯城

　　命运可以毁掉人的希望，但公道自在人心！人民怀念着他们的国王，底比斯永远为他而骄傲。古今成败，多少英雄，他们在位时文治武功，立碑作传，但都及不上人民的声音。被人民怀念的，才是真正的英雄，真正伟大的国王。

　　俄狄浦斯王，善良而正直，虽然残酷的命运选择了他来做献祭的羔羊，但他没有怨天尤人，而是勇敢地承担了后果，以实际行动去赎罪。"知错能改，善莫大焉！"任何时候，犯错并不可耻，可耻的是拒绝认错。俄狄浦斯王的选择，正是向世人展示了善中最伟大的一面。

# 被缚的普罗米修斯

## 爱人者 人恒爱之

欧洲文化绚烂多姿，历来为世人所仰慕。有人说欧洲文化史就是那条繁星点缀、璀璨夺目的银河，而贯穿其中的熠熠生辉的珍珠链子无疑就是希腊神话了。希腊神话纯真、朴素，内容丰富，虽历经千年但显示出了超越时空的永久魅力。纵观希腊诸神，真可谓是千人千面、个性十足，而在这满天神祇中，最为眷顾人类的，也最为人类所眷顾的，定非普罗米修斯莫属了。

普罗米修斯是古老的神祇族的后裔，聪慧而睿智。他出生之时天地就已经被创造出来了，那时的世界动物成群，风和日丽，生灵们自由自在地活着，无拘无束。美中不足的是，这样的世界却没有一个具有灵魂的高级动物可以作为主宰。普罗米修斯不喜欢这样的世界，因此他想按照自己的想法试着改造。他知道天神的种子蕴藏在土中，于是捧起泥土，用河水把它弄湿调和起来，按照天神的模样捏成人形。为了给这泥人以生命，普罗米修斯从动物的灵魂中提取了善与恶两种性格，将它们装进人的胸膛里。普罗米修斯的朋友——智慧女神雅典娜把神气吹向了已经具有一半灵魂的泥人，泥人获得了灵性，最终成为人。

人的出现与繁衍给世界带来了些许生机，可作为在世上出现的第一批人，他们还略显愚笨，因为他们还不懂得如何去使用自己灵活的四肢和神赐的灵魂。他们漫无目的地走着，整日如同梦游般，却不知道如何发挥自己的作用。看到了人类的困境，伟大的普罗米修斯再次出手相助：他教会他们观察日月星辰的升起和降落，给他们发明了数字和文字，教他们驾驭牲口，帮他们发明了船和帆……他关心着人类生活中的一切活动。他，是人类名副其实的"母亲"。

　　主宰着天地万物的宙斯和他的儿子们终于注意到刚刚开始形成的人类了，他们要求人类尊敬他们，否则将拒绝保护人类。可是在神祇们商定人类的权利和义务的会议上，普罗米修斯却欺骗了万能的宙斯，暗中为人类取得了不少的好处。宙斯愤怒了，于是决定报复：他拒绝向人类提供生活所必需的最后一样东西——火。而对人类而言，火的重要性不容置疑，甚至从某种角度说，火简直就意味着一切。这时，机敏的普罗米修斯很快想出了解决办法。他找来一根又粗又长的茴香秆，把它藏在身后，静静地在太阳车每日的必经之路旁等待。这时太阳车飞驰而过，普罗米修斯迅速地将茴香秆伸到它的火焰里点燃，然后带着闪烁的火种回到地上。

普罗米修斯盗火

　　于是人类就有了火，生活中不再潮湿阴暗，而是到处充满光明与温暖。人们不再惧怕黑暗与猛兽，也告别了茹毛饮血的时代，人间一片幸福，到处充满欢声。看着人类得到了火，并且因为火而幸福起来，宙斯觉得颜面无存。恼羞成怒的宙斯不甘失败，他命令潘多拉向人间打开了装着罪恶与疾病等的盒子，并且向普罗米修斯展开了报复：他用胳膊粗的铁链把普罗米修斯锁在高加索山的悬崖上，悬崖下就是可怕的深渊。锁在悬崖绝壁上的普罗米修斯被直挺挺地吊着，无法入睡，也无法弯曲一下疲惫的双膝。"不管你发出多少哀诉和悲叹，都是无济于事的，"奉命行事的赫菲斯托斯对他说，"因为宙斯的意志是不可动摇的，这些最近才从别人手里夺得权力的神都是非常狠心的。"这样的痛苦，我们虽然没有经历，却是可以想到的。

宙斯判普罗米修斯在此永受折磨，如果说要加个年限，那至少也得三万年。面对着迫害，普罗米修斯大声悲号，以发泄施加在他身上的常人难以忍受的痛苦。他乞求注视万物的太阳来为他的苦痛做证，他呼唤慈爱的大地之母来解脱他，但自始至终，他的精神都坚不可摧。肉体的痛苦征服不了他的心，三万年太久；可若要摧残他的精神，再加上三万年也是无济于事。普罗米修斯从没有后悔，因为他坚持着自己的信念——为人类谋幸福，而这信念又绝不可能是皮肉之苦所能动摇的。

被缚的普罗米修斯

宙斯再三威逼他，要他解释他的不吉祥的预言，即"一种新的婚姻将使诸神之王面临毁灭"（指宙斯跟海洋女神忒提斯的婚姻，其子威力超过父亲），但普罗米修斯始终没有开口。宙斯大发雷霆，派一只恶鹰每天去啄食被缚的普罗米修斯的肝脏。但是白天肝脏被吃掉多少，晚上就会很快长出多少，恢复原样。宙斯要让这样痛苦的折磨周而复始，直到将来有一天，有人愿意为他献身为止。

时光荏苒，伟大的被缚的普罗米修斯最终还是获得了解脱。那一天，英雄海格立斯为寻找赫斯珀里得斯来到这里，当他看到恶鹰在啄食可怜的普罗米修斯的肝脏时，便取出弓箭射死了那只恶鹰。锁链松开了，被缚的普罗米修斯获得了解放。可即便如此，宙斯的条件还是无法违反，于是海格立斯便把肯陶洛斯族的喀戎作为替身留在了悬崖上。为了解救普罗米修斯，可以获得永生的喀戎甘愿献出自己的生命。为了彻底执行宙斯的判决，普罗米修斯还必须永远带着一只铁环，环上镶着一块高加索山上的石子。这样，宙斯可以自豪地宣称，他的仇敌仍然被锁在高加索山的悬崖上，而普罗米修斯也可以安享自由。

这是一个关于希腊神造人与造福人类的故事，故事的主角因对人类的关爱而获

一只恶鹰每天去啄食被缚的普罗米修斯的肝脏

22

得了人类持久的赞誉。被缚的普罗米修斯的故事早已为人们所熟知,而隐藏在故事背后的真理则需要人们慢慢体会:爱人者,人恒爱之。

# 大力神海格立斯

## 神力战妖蛇 智取金苹果

　　遥远的欧罗巴的大地上屹立着一座巍峨的雪山，雪域顶峰之上是座鬼斧神工的宫殿——众神的居所。在这里面拥有最高座位的众神之王宙斯，是一位处处留情的主神，除了天后赫拉之外，他还与众多凡间女子生育了很多子女。这些子女，拥有一半神的血统，其中不少最后都上升为天神，例如酒神狄俄尼索斯和大力神海格立斯。他们的成长不像其他的诸神子女那么一帆风顺，反之，却历尽了艰辛，经过种种考验才得以位列仙班。宝剑锋从磨砺出，梅花香自苦寒来。海格立斯能成为受尊敬的大力神，并赢得青春女神赫柏的爱情，也是经过了无数艰难任务的磨炼才换来的。

　　海格立斯是宙斯与阿尔克墨涅所生的儿子，也许是因为他身上那一半宙斯的血统，从小海格立斯就有不可思议的巨大力量。忌妒心强烈的天后赫拉看着还是婴孩的海格立斯，对情敌的恨遮蔽了其他感情，眼中的怒火使她像愤怒的复仇女神厄里倪

根据希腊神话创作的
海格立斯雕塑

斯一样渴望报复。她趁其他人不注意，将两条毒蛇偷偷放进婴儿的卧房。酣睡的海格立斯嘴角挂着甜蜜的微笑，粉色的肌肤衬得胖嘟嘟的手臂更加圆滚可爱。没有人注意到，两条毒蛇已悄悄潜入，顺着摇篮攀缘而上，吐着血红的芯子，目露凶光俯视着孩子。沉睡的海格立斯并不知道危险已经降临，依旧甜蜜地笑着，脸蛋圆圆的如苹果，直到那两条毒蛇缠住了他的脖子。两条毒蛇逐渐收紧身躯，越缠越紧，海格立斯在窒息中惊醒过来。他觉得脖子好难受，无法呼吸了，用手一抓，竟然抓住了两条毒蛇！海格立斯天生的神力觉醒了，他一手抓住一条，玩耍一样地挥舞着，一用力，竟然将蛇都捏死了！

根据希腊神话创作的名画
《海格立斯与翁法勒》

天赋极高的海格立斯长大成人之后足有一丈高，双目炯如火炬，更显英伟不凡。众多名师的指点更让他如虎添翼：从国王安菲特律翁那他习得驾驶战车的本领；从俄卡利亚国王欧律托斯那他学会百步穿杨的箭术；通过哈耳珀律库斯的教育，他学会高超的角斗和拳击的技巧；宙斯的双生子之一、也是他的兄弟卡斯托耳教会他如何全副武装地在野外作战；甚至读书识字、弹琴唱歌他也十分精通。在美德女神的指引下，他放弃安逸，选择了一条崎岖的生活之路，以使自己得到锻炼，用神的力量为民除害，将光荣留给人间，用正直赢得诸神的礼赞，以得到真正的幸福。

海格立斯一路走来，带回地狱的恶狗克伯鲁斯，勇杀尼密河巨狮，活捉克律涅亚山的牝鹿，生擒厄律曼托斯山的野猪，赶走斯廷法罗斯湖的怪鸟，驯服克里特岛上的公牛，征服亚马孙人，……用身上的伤疤换得数不胜数的壮举，其中的任何一项，都可以使其被尊为勇士中的最勇敢者，更何况海格立斯完成了十二项！其中最让人津津乐道、让其他勇者佩服不已的要算杀死九头蛇许德拉和摘取赫斯珀里得斯的金苹果了。

许德拉是一个有九个头颅的蛇怪，她在沼泽中长大，却不肯安安静静呆在那儿，反倒常常爬上岸来，吃掉人们辛辛苦苦养大的家禽牲畜。但人们对她只有愤怒和无可奈何。许德拉不但凶猛无比，还有九个头颅。每砍下一个，她能马上再长出一个新的头颅来，但只有中间那个是杀不死的。虽然知道这一点，但很多想去猎杀她的勇士，都死在了她的巢穴中。凶猛的许德拉不是那么好对付的！不过这些人并不包括海格立斯。

在侄子的协助下，英姿勃发的海格立斯来到了勒那沼泽地，也就是许德拉的栖身之处。他在她的洞穴外射了几箭，成功地引出了许德拉。许德拉顶着九个头颅，拖着长长的尾巴，瞪着狰狞的眼睛注视着这个年轻人。她以为海格立斯和以前那些人一样，敌不过她的一击，谁知海格立斯一看到她，就大步跑上去，用铁钳般的手臂紧紧勒住她。许德拉又是愤怒，又是惊惧，她那蛇的身躯也猛缠上来，想绞死这个力大无穷的年轻人。海格立斯腾出一只手抓起木棒猛地敲击蛇怪的头，一个个头被敲碎了，但马上冒出新的头颅。这时，海格立斯的侄子也冲上来，用熊熊燃烧的大树枝灼烧新长出的蛇头，让它们无法长大，争取时间让海格立斯能斩杀中间那颗不死之头。海格立斯把握住这个机会，砍下了中间那颗头颅。被砍下的头颅散发着恶臭，面目狰狞、双眼圆睁，仿佛不敢相信自己死了。海格立斯将它埋在路边，又搬了一块巨石压在上面。没有了头的蛇身在地上奄奄一息地抽搐，马上被反身回来的勇士斩为两段。九头蛇怪许德拉就这样永远消失了，沼泽恢复了平静，勒那地区的人民赶着大群的牲畜让它们在沼泽边饮水吃草，他们彼此诉说着曾经这儿的九头蛇怪和那个斩杀九头蛇怪的英雄的故事。

海格立斯还运用智谋，为国王摘取了赫斯珀里得斯看护的金苹果。赫斯珀里得斯和海格立斯一样是一位力大无穷的勇士。他不仅是金苹果的看守者，还有支撑天空的责任。长途跋涉的海格立斯好不容易到达这儿，但赫斯珀里得斯对于金苹果丝毫不肯退让，好容易才劝动他去摘取金苹果。在这个空当儿，天还得有人给撑住啊，求取金苹果心切的海格立斯接过天宇，奋力支撑，让赫斯珀里得斯去摘金苹果。谁知这其实是赫斯珀里得斯的诡计，他摘了金苹果，负手站在一旁，哈哈大笑说："我终于不用再背负整个天空了！上天让你来到这儿，又有天神的神力，可以替我托起整个天空，海格立斯，这个责任就交给你了！"沉重的天宇就连天生神力的海格立斯也吃不消，但他知道赫斯珀里得斯根本不准备再重驮天宇。他眨了眨眼说："赫斯珀里得斯，你怎么不早说要我来接过这个重任！我以为只是替你扛一会儿，就随便接过来了。现在这个姿势一点也不好用力，我怕再过不久就撑不住。麻烦你接过一下，我调整一下姿势再接过去，这样才能保证把天驮得稳稳的。"赫斯珀里得斯有些怀疑，但又担心万一姿势不好，撑不了多久，天真的塌了一角就麻烦了。于是他接过去，让海格立斯调整姿势。海格立斯舒展完酸疼的手臂，拿起金苹果，微笑着说："天，我还给你了，

谢谢你的金苹果,再见!"赫斯珀里得斯又急又气,顶着天空的他只能眼睁睁地看着海格立斯逐渐走远,直到走出了他的视线。

公正的天神不会让受苦者永远受苦,披荆斩棘者终将走出荆棘之路,为善的人也终将得到善良的回报。幸福女神的指引没有错,崎岖道路的尽头会有盛放的鲜花。海格立斯以神力造福人间,最终赢得了人民的喜爱与尊敬,成为顶天立地的英雄!

# 天地始祖盘古传奇

巨斧开天地 舍身成乾坤

　　传说，是很早很早以前发生的事情，在人刚刚形成，甚或是还没有人的时候发生的事情。然后，有一个人写了出来，他希望有更多的人知道那些传说，知道那些在旷古时期的英雄，希望人们能永远地记住他们，记住那些为人类做出了巨大贡献的伟大的神灵！

　　开天辟地的盘古便是这些神中的一个，也是我们最伟大的神之一。是他，创造了天地；是他，用自己的身躯幻化出天地之间的雄奇壮丽；是他，让这个世界变得美妙，变得适合我们居住、生长、繁衍，从而生生不息……

　　在很久很久以前，天地混沌一片，像一个大鸡蛋。没有光明，也没有黑暗；没有声音，也没有色彩；没有东南西北之分，也没有前后左右之别。但是，就在这混混沌沌的气团之中，孕育出了一个婴孩。从此，一切都改变了。他，就是盘古氏。

　　在这片混沌之中，盘古沉睡了一万八千年。终于有一

盘古持斧开天地

第一章　神话英雄

天,他醒了过来,面对这团混沌,什么也抓不着,什么也看不到,整个人感到莫名的空虚。盘古气恼极了,无法忍受要待在这样的地方。他天生神力,随手操起一把沉重而锋利的大斧,一阵狂砍猛劈,顿时,"轰隆""哗啦"的响声不绝,震耳欲聋。

这片混沌的宇宙也跟着左右摇晃,上下震动,渐渐地,发生了令人惊奇的变化。本是混沌的气团被盘古的斧子这么一劈,清浊居然分明起来!轻盈清澈的气体是阳气,悠悠袅袅地向上升腾成蔚蓝的天空;厚重浑浊的气体是阴气,缓缓下沉,最后结成坚实的大地。但这新生的天与地之间,还有些地方连接不断,一些混沌之气还没有消散,依然不甘心地连着。于是盘古左手拿起一把尖利的凿子,右手还是抓着那把开天辟地的大斧,细小的地方用凿子凿开,粗厚的地方就用斧头劈断,终于,将天地完全分开来,顿时天地间一片纯净。盘古呼吸着开阔大地上自由的空气,备感神清气爽。

站在这个自己开创出的世界中,盘古发出自豪的朗朗笑声。没过多久,他的眉宇之间又印上了几抹忧色。现在这个天地还不稳定,若是稍不注意,没准就会又合起来,回到先前那令人烦闷的混沌中去。怎么办呢?盘古两脚踏住坚实的大地,直起身躯,举起壮实的双臂,高高地撑住天空,身体也一天发生九次变化。天每天都向上升一丈,地每天加厚一丈,盘古每天长高一丈,也把天地之间的距离拉远一丈。就这样又过了一万八千年,盘古看看已经升得极高的天和变得极厚实的大地,终于松了一口气。天,这样高远,这样宁静;地,这样低沉,这样广阔,天地已经永远地分开了。盘古微笑着,皱着的眉头终于舒展开来。

盘古开天辟地

他觉得很累很累,这位开天辟地的英雄想要休息了。但天和地虽然分开了,可却是光秃秃的一片,极目远望,到处都是一片荒凉的景象。盘古不愿留下这样一个令人感到孤独的天地,但他实在是太累了,没有力气再去改造什么了。在他躺下时,他决定用自己的身躯去化解这份天地间的荒凉。

临终前的盘古,呼出的气有的扶摇直上,变成了挂在天边的美丽云霞;有的回荡于天地之间,化为调皮灵动的风。

他最后发出的吼声，变成响彻天地的隆隆雷霆，划破天空的寂静，震动大地的沉闷。

他的左眼缓缓上升，变成明晃晃将世界照亮的太阳；右眼也随之升到了天上，变成在黑夜里给世界带来柔和光线的月亮。白天，日光如流金；夜晚，月光如丝缎，一日一月，让世界有了白天与黑夜的分别。

他的四肢五体，变成了四极五岳。腹部逐渐隆起，升成一座巍峨的高山。结实粗壮的右臂变成了另一座雄伟的高山——屹立在东边的东岳泰山；健壮有力的左臂变成一座嶙峋奇险的山立于西边，即现在险绝天下的西岳华山。其他部位也变成高高低低的名山，或幽，或秀，或峻，或峭，悬崖陡壁，奇峰怪石，都有它独特的美。

有了山，还缺少水。所以盘古的血液流成了江河溪涧。曾经鲜红的颜色，慢慢褪去，淡得像透明的天空，一条条清澈明亮：细的在山中欢快地流淌，是小溪与涧流；宽的在平原中滚滚奔流，是大江与大川。

身上的筋脉变成了地上纵横的沟壑和阡陌的交通；肌肉变成了肥沃的田地，能结出丰硕的粮食与蔬果。

他的万千发须飘飘悠悠地上了天，变成无数的星辰，点缀墨蓝色的夜空，陪伴皎洁的月亮；他的皮毛纷纷扬扬地撒遍大地，变成各种草木，长于山石之间、川流之侧，装点人间。

盘古的牙齿和骨头也有了变化，略带透明的变成温润的玉石；不透明的则变成稀有的金银及铜铁等各种矿藏，埋在大地底下，等待着被发现，等待着在阳光下展示它们光彩的那一天来临。

最为奇妙的还数盘古的精髓了，全部结成小小的一颗，天女散花般洒向各处，凝结成一颗颗润泽的珍珠，藏在海中、湖里，有的甚至躲在沙砾之间，像散落在地上的星辰。

他洒落的汗水化为雨露滋润万物，让天地笼罩在生命的甘霖之间，让碧绿的叶片和绚烂的鲜花展现出它们最美丽的笑颜。

就连寄生在他身上的小虫小蚁也化成了活跃于地上的百兽和展翅于天宇的群鸟。

盘古死了，他将身躯的每一部分都贡献出来，让天地不再荒凉，不再孤寂。他是一个伟大的英雄，他的肉体虽然消失了，生命却得到了永生。他身体的每一部分都化成了天地间的景观，没有生命的物体一直屹立在那儿，有生命的则生生世世，繁衍不息。

　　他在一片混混沌沌的宇宙中出生,用一把大斧开天辟地,用生命换来一个生机勃勃、充满无限希望的新世界,用他对这片从他手中诞生的新世界的爱,换成了今日我们站着的美丽富饶的大地。所有的生命都记得盘古,是盘古,给了我们生存的空间;是盘古,给了我们这个美丽的新世界!

# 东方天帝伏羲传奇

## 感悟创八卦 结网饱世人

天地玄黄,宇宙洪荒,日月盈昊,辰宿列张。在华夏民族的传说中,东、西、南、北四方和中央都各有一名天帝在管理,让天地万物都循着规律发展,以确保人民的安定,五方秩序的稳固。黄帝坐镇中央,由土神后土辅佐;东方天帝为伏羲,由木神句芒辅佐;西方天帝为少昊,由金神蓐收辅佐;南方天帝为炎帝,由火神祝融辅佐;北方天帝为颛顼,由水神玄冥辅佐。这五位天帝,各有贡献,将世界治理得井井有条。老百姓为了纪念他们的伟大功绩,建立庙宇,供奉祭拜。我们称自己为炎黄子孙,其中的炎黄就是指炎黄二帝。他们也是这五位天帝中我们感到最为熟悉的两位。

其实,东方天帝伏羲也是一位同样伟大的神。他没有开天辟地的壮举,也没有造人补天的功业,他做的是我们日常生活中能实实在在看得见、用得到的事儿。也许,是太习惯,太自然了,才淡化了这位东方天帝此时留给我们的印象。

伏羲是华胥氏的儿子,他的出生

伏羲像

就是一段传奇。传说在古代吴国的西边，淮水、泗水的南边有一个雷泽，雷泽之中住了一位雷神，面貌威严，而且长着人头，身体是一条巨龙，金灿灿的鳞甲覆盖全身，坚不可摧。他高兴时，就仰躺着，用槌形的尾巴把自己的肚皮敲得"咚咚"地响，这巨大的声响传到地上，就成了轰鸣的雷声。可是，这神龙见首不见尾的雷神不愿意被别人看到，所以，极少有人看过他。有一个贪玩的叫华胥氏的女孩，跑到了雷泽，走着走着，突然看到前方有一个大坑。她好奇地凑过去，发现这个坑居然是一个巨大的脚印！她想，这个脚印真大啊！会不会是雷神的呢？的确，这个脚印就是雷神的。这个姑娘伸出自己小小的脚，比了比，觉得比不出来，干脆踩到这个脚印上，看看到底比自己的脚大多少。谁知这一踩下去，她突然涌出一种奇怪的感觉，仿佛有一股暖流流过周身。回到家才知道，她因为感悟那个脚印而怀孕了。足月后生下的这个孩子就是伏羲，也就是后来的东方天帝。

伏羲发明八卦

也许因为是雷神的后代，伏羲有着天生的领导才能，大家都听从他的话。在他的带领下，人们的日子越过越好。可是，随着生活的发展，各种各样的事情也越来越多。大伙每天都要打猎，忙得不行，哪有那么多精神把大大小小的事情都牢牢记住呢？有很多急事都因此被耽误了，被耽误了事的人不高兴，耽误事的人心里也后悔不已。怎么办呢？怎样才能让大家不忘记这些事呢？伏羲独坐在旷野里思考着，一直到晚上也没有回到住的地方。晚上，繁星满天，二十八宿各成其态，将墨蓝色的夜空划分成一块一块的，其他星辰散布其中，凑成一幅绚烂的图卷。看着美丽的夜空，满天的星星印在伏羲的脑海里，渐渐形成了千姿百态的图画。仿佛一道亮光闪过他的脑海，如果仿照天上的星辰，画出不同的图案，不就可以起到记录和区别的作用了吗？伏羲一个翻身爬起来，兴致勃勃地盯着头顶的星空。可是，只根据星星是不够的，一个一个小点儿太复杂了，别说别人，就连伏羲自己也记不牢。于是伏羲又根据大地的高矮起伏，飞禽走兽的形态和足迹，甚至把自己身体的部分也放入思考范围中，终于创出了一套简单而明了的八卦！八卦有八种图形，分别代表天、地、水、火、风、雷、山、泽，伏羲给它们定名为乾、坤、坎、离、巽、震、艮、兑。八个卦象相互组合，代表不同的意思，百事万物都包括在它们里面，而且只有八种图画，无论记忆还是使用都非常方便。人们记事难的问题总算是解决了，费尽精力的伏羲舒了一口长长的气，加入了大家狩猎的活动中。

伏羲像

春去秋来，天一天天冷起来。回风一萧瑟，林影久参差。枯黄的叶子在林间飞舞，用尽生命最后一丝余力，跳出绝美的舞蹈，然后，落在地上，一层层累积。成熟的果实从缀满枝头到越来越少，林间的动物一个个也销声匿迹了。可人的数量没有减少，因为寒冷，大家需要的食物更多了。新生儿在妈妈怀里嗷嗷待哺，青壮年人若是没有食物，怎能打猎，去获得全家的粮食？林中的树叶越积越多，像铺了一层厚厚的地毯，可人们脸上的笑容越来越少，悲伤的表情越来越经常地浮现。这里面眉头皱得最紧的那个，是伏羲。

看着日渐消瘦的百姓，伏羲心如刀绞。那时候的人以采摘果实和狩猎为生，还不会种植粮食，是靠天吃饭的族群。他想，现在大家打到的猎物越来越少了，不少人因为食物不够，已经卧床不起了。怎么才能找到食物呢？他一边走一边看，寻找可以吃的东西，可是，地上光秃秃的，哪儿有啊！地上没有，那么，水里呢？伏羲来到河边，正看到一条鲤鱼跃出河面，圆滚滚的身子满是美味的肉。伏羲像个孩子一样笑了起来，也不顾水冷，跳进河中，去抓那条肥鲤鱼。那时候还没人抓过鱼，河里的鱼又多又笨，看到伏羲来了也不知道游开，傻傻地就被抓上了岸。伏羲把鱼带回大家聚居的地方，让人煮了，又带着其他人一起去河里抓鱼。肥美的鱼填饱了人们的肚子，热滚滚香喷喷的鱼汤更是上好的滋补品，病中的人喝了，脸色渐渐红润起来。

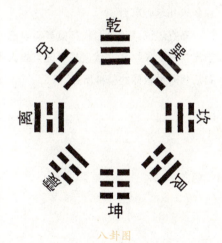

八卦图

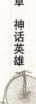

可是，再笨的鱼，在每天都被人抓之后，也会变得聪明。没过多久，只要河里一出现人的影子，鱼儿就纷纷游开。有时候不小心被抓住，滑溜溜的身子使劲一挣，没准儿就能挣开，潜入深水中依然做一条自由自在的鱼。人们又开始挨饿了。伏羲单凭他的双手也很难抓到鱼了，但他没有放弃。怎么才能抓到鱼呢？他一扭头，看到墙上挂的八卦。对啊！他忙找来绳子，参考八卦，乾的紧凑，坤的松散，横竖相交，纵横不断，结成一张大网，然后带领众人又来到河边。鱼网撒下，众人分着拉开，不多时，已经感到手中的网变得沉甸甸的了。大家按住心头的欣喜，合力拉网上来，好重！竟然满满一网的鱼，活跳跳地在网中蹦跶！回去后，大家饱饱地吃了一顿。有了网，大家以后也再不用挨饿了。

八卦阴阳鱼

34

伏羲看到众人脸上心满意足的笑容，感到肩上的责任轻了一点。作为东方天帝，他亲近他的子民，和他们一起劳动，一起欢笑、忧虑。这个勤政爱民的天帝，没有将自己抬得很高，而是像容纳百川的海，让自己处在低位，使自己真正了解百姓生活，为大家的事儿尽心尽力。

马克思说："每个时代都需要有自己的伟大人物，如果没有这样的人物，它就要创造出这样的人物来。"伏羲是中国英雄人物的代表，是华夏民族公认的始祖，是值得子孙后代永世敬仰的精神所在。

# 射日英雄后羿

### 弯弓射九日 除害拯万民

在很久很久以前，人类的生活自然简朴，太阳在生活中有着很重要的地位，它不仅带来光明和欢乐，也是非常重要的计时工具，日出而耕，日落而息，要做什么，抬头看看太阳就知道了。

那时候的太阳也和现在不一样，天空中轮流出现十个太阳，他们的母亲是东方天帝的妻子。太阳的妈妈常把自己的十个孩子放在世界最东边的大海里面洗澡。洗完澡后，十个太阳宝宝像小鸟那样栖息在一棵非常巨大的大树上，那是因为每个太阳宝宝的中心都是一只金色的乌鸦。九个不用值班的太阳栖息在长得较矮的树枝上，另一个需要上班的太阳则栖息在树梢上，每夜一换。

每天一大早，栖息在

后羿射日

树梢的太阳便坐着巨龙拉着的两轮车穿越天空。十个太阳每天一换,轮流穿越天空,给大地万物带去光和热,这就是他们的工作。

可是,有一天,这十个太阳宝宝洗完澡以后并没有马上睡觉,而是突发奇想,想到要是他们一起周游天空,肯定很有趣。于是,当黎明来临时,十个顽皮的太阳宝宝一起爬上巨龙驾驶的车子,踏上了穿越天空的征程。

他们从来没有一起出来工作过,兴奋得像真正的乌鸦一样叽叽喳喳。可是这一下,生活在大地上的人们和万物就遭殃了。十个太阳像十个火团,他们一起放出的热量烤焦了大地。

森林着火啦,烧成了灰烬,许多动物烧死了。河流干枯了,大海也干涸了。所有的鱼都死了,许多人和动物渴死了。农作物和果园枯萎了,供给人和家畜的食物也断绝了。碰巧出门在外的人,被太阳的高温活活烧死,剩下的人们躲了起来,在火海里挣扎着生存。

人们的生活一下子全变样了。于是大家都呼唤着他们心目中的英雄来拯救他们,在熊熊的火焰中,人们挣扎着呼唤着:"后羿!后羿!"

年轻英俊的英雄后羿是个神箭手,箭法超群,百发百中。他看到人们生活在苦难中,便决心帮助人们脱离苦海,射落给人们带来苦难的太阳。

可是,究竟要怎么做才能射掉太阳呢?后羿陷入了深深地思索。

人间的灾难惊动了天上的神,天帝知道是自己的那几个顽皮的孩子闯了大祸,就托梦给后羿。在梦里面,后羿仿佛进入了一个雄伟美丽的宫殿,一个胡子白花花的老人告诉后羿,他其实并不是普通人,而是天上的神明转世,要帮助地上的百姓克服困难,解除苦难。说着,那个白胡子的老人给了他一张红色的弓,一口袋白色的箭,还送给他一个美丽的妻子,名叫嫦娥,让他们一起回到人间,寻找东海边最高的山峰,用神箭射下太阳,解救黎民百姓。然后,后羿就从云彩上面摔了下来,他大叫着"啊",心想这一次自己一定会被摔死,可是后羿醒来的时候,发现自己还是在阴暗的山洞里面,保持着冥思苦想如何射掉太阳的姿势。

于是后羿安慰自己说:"我一定是想问题想得太入神了,睡着了都不知道!"

但是,后羿很快发现自己的左手里面有一张红色的弓,右手里面有一口袋白色的箭,身边还有一位美丽的、好像仙女一样的姑娘。通过那个美丽的姑娘的确认,后羿才知道刚才发生的一切并不是梦,而是上天安排给他的重要使命。

于是,后羿带着嫦娥,顶着烈日,历尽千难万险,爬过了九十九座高山,迈过了九十九条大河,穿过了九十九个峡谷,来到了东海边。他登上了最高最高的大山,脚下是茫茫的大海。后羿拉开了红色的神弓,搭上白色的神箭,瞄准天上正在顽皮嬉戏的太阳,一箭射去——一个太阳被射中了,晃晃悠悠地坠落在东海里,现出了原形,变成了金色的乌鸦,羽毛脱落死去了。后羿又拉开弓弩,搭上利箭,嗖地一声射去——下一个太阳应声而落。这下,天上剩下的八个太阳害怕了,左躲右闪,想逃过后羿的神箭。后羿可不想放过他们,他仔细地瞄着太阳逃跑的方向,一箭接着一箭,把危害人类的太阳一个又一个的射下来。随着太阳的坠落,地面的温度逐渐降低了,人们慢慢地从躲藏的地方出来,欢呼起来,后羿非常高兴,一箭接着一箭不停地射着。

剩下的最后一个太阳害怕极了,躲了起来。

天上没有了太阳,立刻变成了一片黑暗。万物得不到阳光的哺育,毒蛇猛兽到处横行,人们无法生活下去了。

有的人甚至开始埋怨后羿:"都是你不好,我们可怎么活呀?"

后羿是一个十分有责任感的英雄,他决心去找天帝,让他把最后一个太阳呼唤出来。

于是后羿带上嫦娥,朝着传说中天宫所在的地方跋涉。经历了千难万险,吃尽了苦头,才来到了天宫。

那个在梦里面出现过的白胡子老头坐在高高的宝座上,笑眯眯地对后羿、嫦娥说:"我等了你们很久了!我这就让太阳出来。"

嫦娥奔月

后羿不放心地说:"还是让十个太阳都出来吗?"

天帝微笑着说:"不会了。你的勇敢打动了我们这些神仙,我们决定只让一个太阳每天按时出来上工。地面上的人们不会再遭受痛苦了。"

后羿听了以后非常高兴,向天帝道谢以后就带着嫦娥回到家乡。

第二天早上,东边的海面上,透射出五彩缤纷的朝霞,接着一轮金灿灿的太阳露出海面来了!

人们看到了太阳的光辉,高兴得手舞足蹈,齐声欢呼。

从此,这个太阳每天从东方的海边升起,挂在天上,温暖着人间,禾苗得生长,万

物得生存。

后羿因为射杀太阳,拯救了万物,功劳盖世,被天帝赐封为天将。他又射杀了其他在人间为非做恶的妖魔鬼怪,为民除害,所以被后世民间奉为"箭神"。

# 中华英雄

第二章

"滚滚长江东逝水，浪花淘尽英雄……"，一句歌，唱出千古风流人物的必然命运。无论是英明神武的秦皇汉武，还是一代天骄的成吉思汗，无论是横槊赋诗的奸雄曹操，还是朱颜凤髯的武圣关羽，诸多名士豪杰，都在历史的长河中留下了闪亮的一瞬。而谁能够经历时间的磨砺，经久不衰呢？

# 治水英雄大禹

## 十三年治洪水
## 三过不入家门

大禹,姓姒,又称夏禹,相传是上古的治水英雄。

天地初开之后,天地之间的一切还处于不太稳定的局面之下,因此灾难时有发生。相传四千多年前,发生了一次特大的洪水灾害。巨浪翻卷着,吞没了人们安居乐业的场所,吞没了森林、草原、也席卷了无数的生命。

当时还处于蛮荒时期的人们束手无策。于是,各个部落召开联盟会议,推举有才能的人来治理水患。大家协商了很久,推举了鲧去治水,鲧采用了"堵"的方法,就是拦河筑坝,那里水位高就在哪里筑起堤坝。结果治水九年,劳民伤财,洪水依然肆虐,还耽误了大事,因此被处死在羽山。

部落联盟会议又推举了鲧的儿子大禹。大禹告别了白发苍苍的老母亲辛夷氏和年轻貌美的妻子涂山娇,头也不回地离开了家门。大禹是一个精明能干、大公无私的人。为了更好、更有效地治理洪水,大禹请来过去参与过治水的长辈们坐下来开会,总结过去失败的原因。在详细地听取了各方面的意见之后,大禹经过实地考察,制定了一条切实可行的方案,那就是采用"疏导"的办法根治水患。

大禹亲自率领二十七万治水群众,全面进行疏导洪水的劳动。大禹除了指挥外,还亲自参加劳动,为群众做出了榜样。他握木锸,不辞辛劳,废寝忘食,夜以继日。

在治水过程中,大禹为了实地考察,走遍了九州。大禹的老家就地处九州中心的位置,大禹无论南来北往,还是东奔西走,都要经过家乡。

可是由于治水工程时间紧急,刻不容缓,任务艰巨,责任重大,大禹虽然牵挂老母亲和妻子,但没有时间,也没有心思回去看望她们。为了让洪水不再肆虐,为了让更多的老百姓都能过上幸福的生活,即使因为工作的关系要从家门口经过,他也没有进门。这就是后人常说的"三过家门而不入"。

大禹第一次路过家门是他在治理淮河之前。当时他凿开了雍州的龙门口后,西北一带的洪水流进了黄河,这一带稍为安宁,他就奔走东南准备去治理淮河。那天大禹正好路过家门口,家里的大门敞开着,大禹美丽的新婚妻子涂山娇正在院子里面辛苦的劳作。可是一想到如果洪水没有治理好,肆虐的洪魔不知道要让多少的恩爱夫妻天人永隔,大禹就放弃了想要与妻子团圆的想法。此时他才发现妻子已经身怀六甲,一想到自己不能尽到丈夫的职责,大禹愧疚极了,只能自己安慰自己:"为了更多的孩子和更多的母亲,我只能请还没有出世的孩子和独自辛劳的妻子原谅我这个不合格的父亲,不称职的丈夫了!"这样想着,大禹向着自己的目的地,义无反顾地前行了。

再一次经过自己的家门已经是一年以后的事情了。大禹为了治水的事情奔波忙碌,滔滔的洪水仿佛是一把鞭子,鞭策着他不停地飞跑,一定要赶在洪水之前,尽力地救出更多受苦受难的老百姓。那天大禹又一次经过了自己家的家门,他看到涂山娇坐在家门口,正在给一个小婴儿喂奶呢。"啊!"大禹在心底里面惊呼了一声,"那应该就

国画《大禹临溪图》

是我的孩子了吧？也不知道是男是女，起了名字没有……"他多想冲上去亲亲小宝宝稚嫩的脸蛋，在紧张的劳动之余享受一下近乎奢侈的天伦之乐。可是另一种声音在他的心头响起，那是因为洪水失去了生身父母的弃婴们在旷野里嚎哭的声音……一听到这个声音，大禹的心里就好像被刀割一样难受，他立即决定，一刻也不停留，马上赶到下一个工作地点，从洪魔的手中拯救出更多的小宝宝。坐在门口的涂山娇只觉得一道影子风驰电掣地闪过，还没等看清楚是谁，就消失在自己的视线之中。

　　第三次路过家门是在治理好三门峡后。大禹得到了河图洛书，在神明的帮助下在黄河中心凿下了中流砥柱，降伏了黄河水怪，使洪水沿着黄河归入大海。他刚刚舒了一口气，突然又听到南方水位暴涨的消息。他又立刻马不停蹄地打算赶到南方，观看远方的水情，这一次正好又路过家门。他看到白发苍苍的老母亲拄着拐杖站在家门口张望，似乎在等待他的归来。好多年不见了，母亲的背更驼了，腰更弯了，身形也仿佛更加弯曲了。大禹的眼睛都模糊了。在模糊的视线中，他仿佛看到一只手，那是一个同样白发苍苍的老婆婆，在被洪水冲走之前在水面浮沉的时候向大禹伸出的手。大禹那时候多么想拉住那只手，可是那手在滔滔洪水中冒了个头儿就被卷得不知踪影了……大禹暗暗嘀咕了一句："原谅我这个不孝的儿子吧！"同时心想：我不去探望自己的母亲，是为了更多更多的母亲啊！

大禹陵

在中国古代,三通常是一个虚数。事实上大禹为了治理洪水,付出的更多!

大禹三过家门而不入的事迹感动了老百姓,人们不分男女老少,都踊跃参加治水工程,大禹带领治水大军相继疏通了几百条河流,经过十几年的奋斗,才战胜了洪水,让流离失所的人们回到自己的家乡,重建家园,男耕女织,过上了安居乐业的生活。

这时,大禹才回到家中和亲人团聚。大禹因为治水有功,被舜选为继承人。老百姓还给大禹送了这样一副对联:三过其门虚度辛壬癸甲,八年于外平成河汉江淮。

大禹治水十三年,三过家门而不入的故事现在仍广为传颂。嵩山一带乡间还流传着这样的歌谣:一过家门听骂声,二过家门听笑声,三过家门捎口讯,治平洪水转家中。

大禹一生为民谋福,治水时三过家门而不入,这种顾念百姓、公而忘私的精神,受到了后人永远敬仰。

# 生当作人杰　死亦为鬼雄

# 『西楚霸王』项羽

　　"彼可取而代之"是其年少时的雄心壮志，"力拔山兮气盖世，时不利兮骓不逝"是其身陷绝境时的激昂绝唱，而"江东子弟多才俊，卷土重来未可知"则是后人缘事而发的由衷慨叹——这就是项羽，身经百战少尝败绩的项羽，火烧阿房宫的项羽，兵败垓下自刎乌江的项羽，千古功过世说纷纭的"西楚霸王"项羽。

　　项羽名籍，字羽，秦末时候下相（今江苏省宿迁西南）人。出身将门，项家世代为楚将。项羽叔父为项梁，项梁的父亲就是赫赫有名的楚国大将项燕。

　　项羽身长八尺，力能扛鼎，可他从小不喜欢读书，学剑术又不好好学。叔父项梁对他大发脾气，他却振振有词："学书只要能记得

京剧中的项羽扮相

自己的姓名就行，剑术只能敌一人，不值得学，要学就学能敌万人的本领。"于是项梁教他兵法。后来秦始皇巡游会稽时，这叔侄俩也站在岸边观看。看着皇帝出行的气派，项羽遥指着秦始皇，豪气地说："总有一天我要取代他。"这可吓坏了项梁，他连忙捂住了项羽的嘴说："快别胡说，要灭九族的。"但从此以后，项梁就对项羽暗暗称奇，觉得这个孩子不同凡响，注定要成就大事。

京剧中的项羽脸谱

几年后，项羽终于等来了一鸣惊人的时刻——巨鹿之战。这是起义军推翻暴秦统治的决定性的一战，也是成就项羽"西楚霸王"地位的一战。

公元前208年章邯趁雨夜偷袭定陶，杀死项梁后，紧接着又围困了赵地的起义军。楚怀王命令项羽为次将，辅佐上将军宋义率军前去营救。宋义率领楚军走到安阳就按兵不动，滞留长达四十六天。想到叔父的死，项羽急得像热锅上的蚂蚁一样，恨不能插上翅膀飞到赵地去攻打秦军，好为阵亡的叔父项梁报仇雪恨。然而宋义却故意刁难项羽，按兵不发，还讥笑项羽有勇无谋。无奈之下，项羽只好杀了宋义，自立为上将军，率领楚军渡过漳水，去援救赵军。在数量上，楚军远远少于秦军，几乎毫无胜算可言。率军渡河后，全军休整。这时他下达了一条奇怪的命令："全军将炊具砸破，将船只凿沉，每人只带三天的干粮，其余物品一律丢弃。轻装简行，直捣敌军总部。"这条军令足见其拼死一战的决心，不成功，便成仁。在项羽无畏精神的激励下，大家都被感染了。士兵们作战勇猛，以一当十，在原本十分不利的条件下九战九捷，大败秦军。而这时候，原先作壁上观的诸侯也纷纷归顺项羽。自此之后，秦军主力受到重创，项羽也取得了诸侯领袖的地位，自立为"西楚霸王"。

经过几年的斗争，暴秦终于被推翻，然后便开始了长达四年的楚汉之争。因为项羽不

汉高祖刘邦

善治军，用人不当，原处于劣势的刘邦渐渐掌握了战争的主动权，把项羽的军队一步步逼入绝境。

公元前202年，项羽被刘邦用计围困在垓下。士兵越来越少，粮食也快没了，而刘邦的汉军又层层包围上来。时值深夜，项羽军队的四周突然唱起了楚地的民歌，项羽不禁大惊失色："难道汉军把楚地都占领了吗？不然，为什么汉军中楚人这么多呢？"狐疑与不安中，项羽起身到军帐中喝酒。回想过去，有宠爱着的虞姬陪在身边，有宝马雅骑在胯下，纵横九州意气风发，可如今却是兵败被围、性命堪忧。想到此处，项羽不由得慷慨悲歌：

力拔山兮气盖世，时不利兮骓不逝！骓不逝兮可奈何，虞兮虞兮奈若何？

唱了一遍又一遍，虞姬也跟着他一起唱："力拔山兮……"唱着唱着，项羽泪流数行，情难自控。身边的侍卫也都哭了，谁也不敢抬头看一眼项羽。就这样，将军、士兵、美人都浸染在这绝望中，久久不能自拔。

情况越来越危急，怀着对霸王的不舍与对尘世的留恋，虞姬拔剑自刎，一代美人就此香消玉殒。美人配英雄，当美人结束自己的生命时，英雄也即将走向末路。

当晚项羽跨上战马，部下壮士八百多人骑马跟随从南面突出重围，纵马奔逃。直到天亮的时候，汉军才察觉。走到阴陵时，项羽迷了路，陷入了一片低洼地里，被汉军追上。项羽于是率兵向东，到东城的时候，身边就只剩下二十八个骑兵了，而追击的汉军骑兵有几千人。

西楚霸王项羽

乌江岸边，亭长撑船靠在岸边等待着项羽，没想到项羽却拒绝渡江："上天要亡我，我还渡江干什么？况且我项羽当初带领八千江东子弟渡过乌江打天下，现在无一人生还，即使江东的父老兄弟怜爱我而拥我为王，我又有什么脸见他们呢？即使他们不责怪，我项羽难道不感到内心有愧吗？"说完，他深情地看了看陪着自己冲锋陷阵的骏马，接着对亭长说："我知道您是忠厚的长者，这匹马伴我多年，日行千里，我不忍心杀掉它，把它送给你吧！"于是命令骑马的都下马步行，手拿短小轻便的刀剑与汉军交战。项羽像是一头受了伤的猛兽，格杀了汉军百余人，可汉军还是蜂拥而来，砍杀不尽。项羽独自一人，背对绮丽的乌江，手握滴血的宝剑，面对着成千上万的

敌人。回忆起巨鹿之战时驰骋疆场的勇武，火烧阿房宫时火光映天的壮阔，被困垓下时英雄末路的无奈……项羽一生中闪光的片段像播放影片一样，在脑海里一一闪过。当画面定格在虞姬自刎时，项羽悄然地把宝剑置于颈上，眼含泪光，手起剑落，结束了自己光辉却短暂的一生。一代枭雄自刎乌江，楚汉之争终见分晓。

　　一千多年后，一位女诗人还隔着时空向项羽致敬："生当作人杰，死亦为鬼雄。至今思项羽，不肯过江东。"时间沉淀下了绝大部分的历史浮尘，然而关于项羽，却还有着太多的争论与故事——因为他是个英雄，身上的霸气即使历经千年依旧不减；因为他是一个失败的英雄，光明磊落、英勇无畏使他虽败犹荣；悲情的结局，纵使再过千年，依然值得人慢慢回味。

# 枭雄曹操

## 乱世奸雄定北方 治国能臣兴曹魏

也曾"青梅煮酒论英雄"，也曾"挟天子以令诸侯"，也曾"杯酒临江横槊赋诗"，也曾"兵败赤壁败走华容道"……提及曹操，你会想起什么？是"东临碣石，以观沧海"的一番霸气，还是"青青子衿，悠悠我心"的文质彬彬？是求贤若渴的政治家，还是嫉贤妒能的无道统治者？是"官渡之战"的以少胜多，还是"赤壁之战"的损兵折将？有人说他集帝王风范、小人嘴脸、英雄气魄、儿女情长、阎王脾气、菩萨心肠于一身。的确，这个人身上，有着太多的变幻莫测、太多的传奇故事等着我们去发掘、去体味。

曹操出生于乱世，是汉末杰出的政治家和军事家。他自幼博览群书，诗词文章，样样精通，武艺也不落人后。起初不为世人所重视，直到后来遇见桥玄，素以识人著称的桥太尉竟禁不住惊叹："世间即将动乱，除非有济世本领的人才能安定天下，这济世之才难道

曹操

指的就是你吗?"名士许邵更是一语道破:"你是治世的能臣,乱世的奸雄!"自此之后,曹操之名才逐渐为国人所知。二十岁时,曹操通过举孝廉入仕。后来黄巾起义,他散财起兵,而成为一方豪强。董卓作乱,他行刺董卓未遂,后组织讨董联军,誓杀奸贼。建安元年,他迎献帝都于许,"挟天子以令诸侯",成为北方一股强大的军事力量,从此开始了剪灭群雄、统一北方的征程。在这漫漫征程中,曹操所经历的大小战争不计其数,而"官渡之战"则是其中少有的具有决定性意义的一战了。

北方群雄之中,实力最为雄厚的当数袁绍。袁氏一门"四世三公",门生故吏遍布天下,而袁绍更是取得了冀、青、幽、并四州之地,俨然成为群雄之中的盟主。在攻入青州巩固了右翼,劝降张绣最终解除了后顾之忧后,曹操率军屯于官渡,准备迎击袁绍。为免于在同袁绍作战时前后受敌,曹操力排众议,决定先消灭在徐州立足未稳的刘备。曹军奔袭徐州,以迅雷不及掩耳之势击破刘备,刘备投奔袁绍。当时的袁绍兵精粮足,根本不把曹操放在眼里。他调拨精兵十余万,志在一举消灭曹操。建安五年二月,袁绍命大将颜良等人进兵白马,并亲自率领大军驻扎黎阳,向曹操发动进攻,许都震动。面对着危急形势,曹操沉着地安慰众将说:"我深知袁绍的为人,他胸有大志却没有大智慧,外表强硬内心却很怯懦,兵将众多但指挥不明,土地虽然广阔,粮食虽然丰富,然而这些最终却是要为我所用的。"众将听了曹操的言论才稍稍安定下来。袁军颜良等人围攻白马,拉开了大战的序幕。四月,曹操亲自率兵北上以解白马之围。采纳谋士荀攸的计策,曹军杀死颜良,大败袁军,成功解白马之围。紧接着,曹操率骑兵大破袁绍追兵,斩杀袁绍另一大将文丑,袁军大震。初战得胜,曹操主动撤军,继续扼守官渡。八月,袁绍大军连营而进,进逼官渡,曹操则分兵坚守营垒,伺机而动。两军一攻一守,相持近两个月。久战之下,曹操处境极为困难,然而命运的天平却最终偏向了曹操一方。十月,袁绍从河北运来粮草屯放在乌巢,由大将淳于琼看守。这时袁绍谋士许攸来降曹操,献计让曹操偷袭乌巢。听了许攸的分析后曹操大喜,他知道,战争的转机终于到来了。于是亲率精锐步骑五千人,乘夜从小路偷袭乌巢。曹军突至乌巢,四面放火,袁军大乱。淳于琼据营死守,袁绍得知后也急忙派兵救援。曹军面临着前后夹击的危险。然而关键时候,曹操表现出了惊人的镇定和超凡的军事指挥才能。曹操亲率队伍放火烧粮。见袁军蜂拥而至,近卫侍从建议曹操分兵抗拒。面对着身后欺压上来的千军万马,曹操竟然连头也没有回,手持火把继续指挥烧粮。因为他知道,能否烧粮成功才是决定此战胜败的关键,于是他大声呵斥道:"贼兵到了背后再告诉我!"就这样,在曹军士兵的殊死战斗下,曹军杀死守将淳于琼等,烧尽了袁绍的粮草,大败袁绍援军。就在曹操忙于袭击乌巢时,袁绍以重兵围攻曹操大营,他认为这是攻克曹操大营的绝好机会。但曹营未破,乌巢败讯已经传来,袁军溃散,大将张郃等人投降曹操。袁绍弃军逃回黄河以北,曹军大获全胜。在战后清点袁绍书信时,曹操得到了自己部下写给袁绍的信,然而他却令人不要开启,全部烧毁。众人不解,曹操则笑着说:"当袁绍强盛的时候,我尚且担心不能自保,何况你们了。"如此胸襟气魄,如此治军手段,真不愧是一代英才啊!

官渡一战,曹操击败了最大敌人袁绍,由他统一北方已是大势所趋。建安七年,袁绍病死,袁绍的两个儿子袁谭、袁尚不和,率部开战,曹操看准了这个时机,趁他们两败俱伤的时候坐收渔翁之利,一举肃清了袁氏势力。

基本平定北方后,曹操大旗一挥,转而南向。建安十三年七月,曹操南征荆州刘表。其间,刘表病死,其子刘琮接任荆州牧,不久,刘琮投降曹操。紧接着曹操亲率五千骑兵从襄阳疾驰三百里,于当阳长坂击溃刘备,随后进占江陵。后曹操自江陵东下,在赤壁与孙、刘联军鏖战败北,败走华容道,退回北方。曹操统一全国的步伐就此止步,三国鼎立局面由此奠定。

赤壁之后,为稳定内部,曹操先后采取了一系列卓有成效的措施。他下《求贤令》,提出不拘品行、唯才是举的用人方针,并于建安十六年平定关中地区。建安十八年,汉献帝封曹操为魏公,加九锡,赐冀州的河东、魏郡等十郡作为魏国的封地。建安二十五年正月,曹操还军洛阳。当月病死在洛阳,终年六十六岁。而就在这年十月,曹丕代汉称帝,国号魏,追尊曹操为太祖武皇帝。

赤壁之战

正如曹操自己所言:"对酒当歌,人生几何?譬如朝露,去日苦多。"纵使英雄一世、风光一生,一代枭雄最终也有星落陨灭之时。想来也有点伤感,斯人已逝,千古功过自有后人评说。

## 忠义神勇儒士风
## 英雄传奇励后人
# 『武圣』关羽

华夏古国,历史悠远;关圣帝君,青史留名。这是一个善于封神造圣的国度,也是一个提倡文治武功的国度,因此,文有"文圣",武有"武圣"。时光流逝,三国的烽烟逐渐消散,但有一个名字——"武圣"关羽却注定要与世长存。

连环画中的关羽

关羽,字云长,河东解县人,三国时期蜀汉名将。纵观关羽一生,其成名于汜水关前"温酒斩华雄",后历经战吕布、诛颜良、杀文丑、过五关斩六将、水淹七军等,进而成为蜀汉"五虎上将"之首,成就震世威名。至后来败走麦城、身首异处时,关羽更是成为一种文化符号,为时人所瞻仰,为后人所膜拜。关于关羽,历史与演义交织,其人其事已多真假难辨。而作为一种文化符号,无疑"关羽"这个词已经与"忠义""神勇"融为一体。

关于关羽,正史、野史与演义中记载得很多。以下几则小故事颇具代表性,足见其忠义勇武。

关羽少年时因斩杀乡里恶霸吕熊而逃离家乡,五年后到了涿郡(治今河北省涿州市),并在那里结识刘备、张飞。三人义气相投,于是就结为了异姓兄弟。时值黄巾起义,四方群雄逐鹿中原,而关、张、刘"桃园三结义"则揭开了"武圣"传奇的序幕。

关羽重义,过五关斩六将,"忠义"为先。徐州之战后,刘备战败,关羽被俘,但其宣称"降汉不降曹"。曹操知道他是举世难得的勇将,因此待他极好。三天为他设一次小宴,五天为他备一次大宴,更是精心挑选了美女十人来服侍关公。"食"和"色"

关羽擒将图

是人的天性,可关羽却不为美食所动,不为美色所惑,将十个美女尽数送给了两位嫂子。最后曹操使出撒手锏,把名驹赤兔(吕布故物,日行千里)赠予关羽。关羽初见此马,眼中一亮,曹操以为关羽已经心服于己,非常高兴。谁知关羽却说:"有了如此好马,一旦知道大哥的消息,就可以日夜兼程,火速赶往了。"关羽之义可见一斑。曹操待关羽不薄,而关羽也记得曹操对他的好,可恩义有别,接受曹操的恩泽时关羽始终没有忘记对大哥刘备的"忠"与"义"。于是当得知刘皇叔的消息后,关羽还是毅然决然地选择了离开。获悉关羽离去,曹操亲自赶来为他送行,送上了黄金、锦袍却没有给他通行关隘的凭证。关羽护送着两位嫂子的车子,千里走单骑,凭借着一腔忠义与绝世的本领,一路过关斩将,先后闯过五关,斩杀孔秀、韩福等六员守关之将,谱写了一曲千里赴义的赞歌。

关羽人称"武圣",自古至今,他那少有匹敌的神勇就一直为世人所津津乐道。人说关羽是"万人敌",单刀匹马能于百万军中取上将人头。关羽的一生中所经历的大小战斗很多,能称得上经典的则要数斩颜良、诛文丑了。

颜良是袁绍麾下首席大将,为人异常骁勇。在白马阵前对阵曹操时,颜良几个回合就手起刀落连杀曹将宋宪、魏续。曹营大将徐晃与颜良相持二十回合也败下阵来,曹军军心大乱，急忙收兵。就在曹操为这件事情深感忧郁的时候，谋士程昱进谏说推举一人足以抵挡颜良。曹操问他是谁，程昱回答说是关羽，曹操大喜，召关羽来见。到两军再次对垒的时候，曹操指着敌军大旗下面持刀立马、威风凛凛的将领说是颜良，并且夸奖颜良所率的河北兵将人马雄壮。关羽却不以为然，竟用开玩笑的口吻说颜良是在插着草标卖头。说罢愤然上马，倒提青龙偃月刀冲下山去。关羽身披银甲，凤目圆睁，蚕眉直竖，径直朝颜良奔去。河北兵将见关公单刀匹马、神勇盖世，全都惊呆了，不由得波浪似的向两边分开，为关羽让开了一条道。关羽骑着赤兔马一路风驰电掣，瞬间已经到了颜良面前，手起刀落，没等颜良反应过来，已一刀将其斩落马下。紧接着关羽从容下马，割下了颜良的脑袋拴在马脖子上，飞身上马，提刀冲出敌阵。一来一去，如入无人之境。直到这时河北兵将似乎才刚刚反应过来，军中大乱。曹军趁势攻击，大胜袁军。看着关公献上来的颜良的首级，就连阅人无数的曹操都不由得惊叹："将军真神人也！"关公"匹马斩颜良，河北英雄齐丧胆"。

如果说匹马斩颜良只是关公的天赋神勇，那么单刀赴会则多少可以看出点关圣人"儒"的一面了。江东鲁肃为索要荆州而摆下鸿门宴。不愿意让人看作是怯懦之人。关公竟然只带了亲随几人，单刀赴会，只当江东群雄为鼠辈。宴会之日，鲁肃遥望江面惊叹异常：只见江面上竟然只有一只船来，船里船外只有几个人，一面红旗迎风招展，大大的"关"字格外耀眼。船靠岸时，只见关羽一改戎装，青巾绿袍一副读书人打扮，旁边周仓捧着大刀，几个关西大汉也只是各挎腰刀一口。关羽单刀赴会，英勇中带着几分雅致，颇具儒将风采。想三国英雄辈出，跟关羽一般勇猛的人肯定不少，可只有关羽流传至今，其中原因是耐人寻味的。陈寿说："关羽、张飞皆称万人之敌，为世虎臣。"但关羽的勇并不同于张飞的莽勇，他熟读《春秋》，勇猛却又不失儒雅。

一腔忠诚，一世英勇，关羽屹立于中华民族英雄之林，几千年来一直受到人们的景仰和尊崇。

关羽

# 抗金名将岳飞

精忠报国无力回天
豺狼当道英雄气短

他的一生，可以浓缩成"精忠报国"四个大字。这四个字，不仅由母亲亲手刺在他的背上，也深深地烙在他的心里。凭着舍生忘死的精神浴血疆场，只为收复失地；所向披靡的岳家军已经练就，直捣黄龙似乎也指日可待；还我河山的誓言壮怀激烈，却敌不过十二道催命金牌的冰冷异常。虽然结局是个悲剧，岳飞将军的拳拳赤子心却可昭日月。

十二世纪初，女真族崛起于白山黑水之间。建立金国后，新兴的游牧民族表现出了强劲的军事实力。在以迅雷不及掩耳之势横扫辽国和北宋王朝后，黄河以北的领土全部纳入金国版图。"直把杭州作汴州"的南宋王朝偏安江南一隅，女真族紧接

岳忠武王家谱飞祖像

着又把战火引向江淮、川陕一带。

　　那是个金戈铁马的年代，风雨飘摇的南宋王朝呼唤着英雄，饱经磨难的南宋人民呼唤着英雄。时势造英雄，汹涌的抗金狂潮一朝掀起，一时间大批忠君报国的英雄纷纷涌现，而其中最著名的、最具有传奇色彩的，当数岳飞了。

　　岳飞，字鹏举，相州汤阴（今属河南）人。少年时候的岳飞为人厚道、寡言少语。虽然家境贫寒，但岳飞从小就表现出了惊人的天赋。他学习努力，最爱读《左氏春秋》《孙子兵法》等谋略、兵法类书籍。自幼随父亲在农田里劳动，他有着健壮的体格和过人的臂力。他身强力壮，未成年时就能使强弓硬弩。后来在劳作之余，岳飞有幸师从名师周同、陈广，学习射箭和枪法。由于天资过人，再加上又格外努力，岳飞最终青出于蓝，练成了超群的武艺，成为全县武艺最高的人。在母亲姚氏的教诲下，忧国忧民、忠君报国的信念深深地扎根于岳飞的脑海之中。1122年初，为报效国家，岳飞毅然从军，从此走上了辉煌而坎坷的军旅之路。

　　北宋灭亡后，康王赵构即位，建立南宋。年轻的军官岳飞上书皇上，建议趁着新君刚刚即位，金军懈怠疏于防范的时候予以痛击，以收复失地。在这份千余言的上书中，岳飞甚至批评当朝宰相黄潜善、王彦直等人，指责他们辜负民众期望，没有收复失地的决心，而是只会哄骗皇帝一天天南逃。他希望皇上能够御驾亲征，在金军尚未立足之时，率大军北渡黄河，这样就有可能光复中原。面对青年岳飞的这片忧国之情、报国之志，宋高宗赵构在读完奏折后却给了他个"越职上书"的罪名，不但没能体恤臣子，反削去了岳飞的官职作为惩罚。

抗金英雄岳飞

　　然而挫折并没有动摇岳飞精忠报国的决心，其后岳飞转战黄河南北，屡立奇功。岳飞的忠勇名声威震南北，使得宋高宗再也不能忽视他的影响。1133年，岳飞入朝拜见高宗，高宗亲书"精忠岳飞"四个大字，制成大旗送给他以表彰他的功绩。同时提升他为神武后军都统制，并将猛将李山、吴全、吴锡、李横等划归他调拨。

　　1135年，岳飞因功升任镇宁、崇信军节度使，声望地位直逼老将韩世忠、刘光世。同时岳家军的实力也得到很大发展，除了吸收了数万起义军，几支官军也归并岳家军。1138 年，南宋与金首次议和。次年三月，金将原属伪齐的辖区划归南宋。就在满朝文武歌颂升平之时，岳飞却上书表示反对。他认为金国燕云之地唾手可得，此时应该准备收复失地，报仇雪耻，应该一鼓作气，让金国对南宋俯首称臣。宰相秦桧见了岳飞的上书咬牙切齿，暗怀杀心。伤心之余，岳飞写出了千古绝唱《满江红》，以抒发反对议和的心情：

怒发冲冠，凭栏处，潇潇雨歇。抬望眼，仰天长啸，壮怀激烈。三十功名尘与土，八千里路云和月。莫等闲，白了少年头，空悲切！靖康耻，犹未雪；臣子恨，何时灭？驾长车，踏破贺兰山缺。壮志饥餐胡虏肉，笑谈渴饮匈奴血。待从头、收拾旧山河，朝天阙！

1140 年 5 月，金毁约南侵，南宋被迫抗金。边关大将刘锜告急，岳飞率军急援。岳家军锐不可当，各路将领纷纷告捷。金军统帅兀术大为惊慌，忙召集龙虎大王等将军商议。他们认为南宋其他将领都不足畏惧，只有岳飞势不可当，决定先引诱岳家军来，然后决一死战。消息传出，岳飞的将士们都为主帅捏了把汗，宋高宗亲自下诏要岳飞谨慎处理。尽管形势严峻，可是岳飞却镇定自若，他安慰部将说："这正说明金兵已经毫无办法了，击破金军的时候到了。"于是岳飞每天派人向金军叫阵，诱使金军出战。金军主帅兀术大怒，召集龙虎大王、盖天大王直奔郾城而来。面对着进逼而来的金军，为了打击金军士气，岳飞决定予以金军当头痛击。他派岳云率领骑兵直冲敌阵，岳云与金军苦战数十回合凯旋。

杭州岳王庙岳飞郾城大捷壁画

为扭转战争劣势，金兀术使出了撒手铜"拐子马"。"拐子马"用绳子联结，战马身披重铠，三骑一体，冲锋向前，威势难挡。金兀术自起兵以来，"拐子马"成为他的法宝，屡试不爽。岳飞开始也在"拐子马"上栽了跟头，但当他细心观察了"拐子马"后，很快就发现了它的缺点：笨重而且不具备独自作战的能力。岳飞吩咐步兵，手持麻扎刀，遇敌后只管砍马腿。因为"拐子马"是三匹连在一起的，一匹马受伤倒地，另外两匹也就不能前进，只能任人宰割。不久在战场上，岳家军下砍马腿、上砍骑兵，大败"拐子马"。金兀术见势悲恸欲绝，急忙撤退。

郾城大捷后，金军也不得不哀叹："撼山易，撼岳家军难。"金军将领王镇、崔庆等投降岳家军，龙虎大王帐下的心腹禁卫也率部来降，形势对岳家军极为有利。紧接着岳飞挥师直扑开封，决计一举歼灭龟缩在开封城中的金军残兵败将。朱仙镇一战，金军10万兵马一触即溃，收复失地指日可待。岳飞上书朝廷，要收复疆土、直抵黄龙府（以黄龙府泛指金国大本营）。可正当岳飞准备收复开封时，宋高宗却在一天之内发出十二道金牌，说"孤军不可久留"，命令岳飞马上班师回

岳飞雕像

朝。一来害怕岳家军胜利后岳飞功高盖主，二来害怕迎回被俘的二帝会威胁自己的皇位，在奸相秦桧为首的投降派撺掇下，宋高宗赵构终于下令让岳飞火速回师。知道圣命难违，满腔热血的岳飞不禁仰天长叹："十年之功，废于一旦。"被迫下令撤军。1142年，秦桧以"莫须有"的罪名谋害岳飞父子。赴死前，岳飞镇定自若地捉笔在供状上写下八个大字："天日昭昭，天日昭昭！"

岳飞戎马一生，却最终带着无力回天的遗憾含冤而去。39年间，他留给了我们一连串精忠报国的故事，留给了我们《满江红》的慷慨激烈，也留给了我们无限的敬仰。他的爱国精神和坚贞不屈的品质，为后人留下了宝贵的精神财富，是我们中华民族优秀儿女的典范。

# 抗元英雄文天祥

## 人生自古谁无死
## 留取丹心照汗青

文天祥(1236—1283)，初名云孙，字天祥，又字履善、宋瑞，号文山。庐陵(今江西吉安县)人。南宋杰出的民族英雄和爱国诗人。

文天祥生于江西庐陵富田镇的一个地主家庭，从小受到严格的教育。文天祥幼时无论寒暑都要在贴满格言警句的书斋中与弟弟一起诵读、写作、谈古论今。十八岁时，文天祥获庐陵乡校考试第一名，二十岁入白鹭洲书院读书，同年即中选吉州贡士，随父前往临安应试，很快就中了进士。在集英殿殿试中，他作"御试策"切中时弊，提出改革方案，表达政治抱负。考官王应麟阅后上奏曰："是卷古谊若龟

文天祥画像

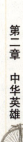

鉴,忠肝如铁石,臣敢为得人贺。"因为出众的才华而被理宗皇帝亲自定为六百多名进士中的佼佼者——状元。历任签书宁海军节度判官厅公事、刑部郎官、江西提刑、尚书左司郎官、湖南提刑、知赣州等职。

1275年正月,因元军大举进攻,宋军的长江防线全线崩溃,朝廷下诏让各地组织兵马勤王。文天祥立即散尽家财充当军费,招募当地豪杰,凭借自己的威望和义无反顾的决心,组建了一支三万人的大军,开赴临安。但是由于元军攻势猛烈,江西义军虽英勇作战,但最终也未能挡住元军兵马。兵临城下的危急时刻,贪生怕死的文武官员都纷纷出逃。谢太后任命文天祥为右丞相兼枢密使,派他出城与伯颜谈判,企图与元军讲和。文天祥到了元军大营,却被伯颜扣留。谢太后见大势已去,只好献城纳土,向元军投降。

元军占领了临安,但两淮、江南、闽广等地还未被元军完全控制和占领。于是,伯颜企图诱降文天祥,利用他的声望来尽快收拾残局。文天祥宁死不屈,伯颜只好将他押解到北方。行至镇江,文天祥冒死出逃,经过许多艰难险阻,辗转到达福州,被任命为右丞相。但是毕竟宋朝大势已去,元军很快大举来攻,文天祥兵败被俘。

元军将领张弘范举行庆功宴会,把服毒自杀未遂的文天祥请来。宴会席上,张弘范对文天祥说:"现在宋朝灭亡,丞相已经尽到最后一片忠心。只要您回心转意,归顺我们元廷,还能保持您丞相的地位。"

文天祥含着眼泪说:"国破家亡,我身为宋朝大臣,没能够挽回局势,死了还有罪孽,怎么还能贪图活命呢?"文天祥说着将自己前些日子所写的《过零丁洋》一诗抄录给张弘范。张弘范读到"人生自古谁无死,留取丹心照汗青"时,不禁也受到感动,不再强逼文天祥了。

不久,文天祥被押到大都,元军把他送到上等的宾馆里,用美酒好菜招待他。过了几天,元朝丞相博罗派投降官员留梦炎去劝降。文天祥对这个叛徒早已深恶痛绝,现在见他居然厚着脸皮来劝降,更是火冒三丈。没等留梦炎开口,就一顿痛骂,把留梦炎骂得抬不起头,灰溜溜地走了。

文天祥

元军对文天祥劝降不成,就把他移送到兵马司衙门,让他带上脚镣手铐,过着囚徒的生活。过了一个月，博罗把文天祥提到元朝的枢密院，亲自审问。

文天祥面对凶神恶煞一般的博罗，坦然说："从古以来，国家有兴有亡，做大臣的被灭被杀的，哪一个朝代没有？我是宋朝的臣子，现在既然已经失败，只求早死。"博罗气得吹胡子瞪眼睛，大叫要杀掉文天祥。但是元世祖担心杀了文天祥，民心不服，不同意把他杀了。

从此，文天祥在监狱中度过了三年。在狱中，他曾收到女儿柳娘的来信，得知妻子和两个女儿都在宫中为奴，过着囚徒般的生活。文天祥深知女儿的来信是元廷的暗示：只要投降，家人即可团聚。然而，文天祥尽管心如刀割，却不愿因妻子和女儿而丧失气节。他在写给自己妹妹的信中说："收柳女信，痛割肠胃。人谁无妻儿骨肉之情？但今日事到这里，于义当死，乃是命也。奈何？奈何！"

文天祥塑像

文天祥被关的那间土牢，又矮又窄，阴暗潮湿。遇到雨天，屋面漏水，满地是水；一到夏天，地面上发出一阵阵蒸气，更加闷热。牢房的隔壁，有狱卒的炉灶，有陈年的谷仓，阵阵烟味、霉味，再加上厕所里大粪的气味，死老鼠的臭味，使人极其难受。

文天祥被关在这间牢房里，恶劣的环境只能折磨他的身体，却并不能摧毁他的意志。他相信，只要有爱国爱民族的浩然正气，就能够战胜一切恶劣的环境。

狱中的生活很苦，可是文天祥强忍痛苦，写出了不少诗篇。《指南后录》第三卷、《正气歌》等气壮山河的不朽名作都是在狱中写出的。他在《正气歌》里，列举了历史上一些坚持正义、不怕牺牲的忠臣义士的例子，认为这都是正气的表现。他在诗中写道："天地有正气，杂然赋流形。下则为河岳，上则为日星。于人曰浩然，沛乎塞苍冥。皇路当清夷，含和吐明庭；时穷节乃见，一一垂丹青。……顾此耿耿在，仰视浮云白。悠悠我心悲，苍天曷有极！哲人日已远，典刑在夙昔。风檐展书读，古道照颜色。"

文天祥进牢的第三年，河北中山府发生了一场农民起义。起义领袖自称是宋朝皇室的后代，聚集几千人马，号召大家打进大都，救出文丞相。

61

这一来可把元王朝吓坏了,如果不杀文天祥,恐怕闹出大乱子来。但元世祖还没有丢掉招降的幻想,决定亲自劝降文天祥。

文天祥见了元世祖,不肯下跪,只作了个揖。元世祖问他还有什么话说。文天祥说:"我是大宋宰相,尽心竭力扶助朝廷,可惜奸臣卖国,叫我英雄无用武之地。我不能收复国土,反落得被俘受辱。我死了以后,也不甘心。"说着,咬牙切齿,不断地捶打自己的胸膛。

元世祖和颜悦色地劝说:"你的忠心,我也完全了解。事到如今,你如果能改变主意,做元朝的臣子,我仍旧让你当丞相怎么样?"

文天祥慷慨地说:"我是宋朝的宰相,哪有服侍两朝的道理。我不死,哪还有脸去见地下的忠臣烈士?"

文天祥纪念碑

文天祥纪念堂

元世祖说:"你不愿做丞相,做个枢密使怎么样?"

文天祥斩钉截铁地回答说:"我只求一死,别的没有什么可说的了。"

元世祖知道劝降已没有希望,就下令把文天祥处死。

北风怒号,阴云密布。京城柴市的刑场上,戒备森严。市民们听到文天祥将要就义的消息,自发集中到柴市来,一下子就聚集了一万人,把刑场团团围住。只见文天祥带着镣铐，神色从容，来到刑场。他问旁边的百姓，哪一面是南方。百姓们指给文天祥看了。他朝着正南方向拜了几拜，端端正正坐了下来，对监斩官说："我的事结束了。我心中也无愧了！"然后引颈就刑，从容就义。死后人们在他的衣服带子中发现一首诗："孔曰成仁，孟曰取义。唯其义尽，所以仁至。读圣贤书，所学何事？而今而后，庶几无愧。"文天祥死时年仅四十七岁，在民族危亡时刻，他表现了一身的浩然正气。

# 抗倭名将戚继光

## 封侯非我愿 挥戈镇海疆

64

　　明朝的万里海疆,表面风平浪静,实则波涛汹涌。一伙穷凶极恶的日本海盗在我国的东南沿海烧杀掳掠,无恶不作。谁来拯救这些无辜的百姓呢?谁来保卫明朝的海疆呢?英雄戚继光挺身而出,完成了这个艰巨的任务。

抗倭名将戚继光

　　戚继光,字元敬,山东登州(今蓬莱)人。出身将门,自幼习武,练就了一身强健的体魄,长期军事生活的熏染更使其从小就抱定了精忠报国的信念。1548年,蒙古国鞑靼部兴师来犯,直逼京城,大明江山不保!年仅20岁的戚继光在国难当头的情况之下应征入伍,开始了自己的军旅生涯。虽然蒙古军很快就被打退了,但这段时间里,戚继光增强了军事指挥能力,积累了丰富的战斗经验,卓越的军事素养也体现了出来。不久后获得朝廷的重用,晋升为都指挥佥事,主管山东海防。

考验这位年轻将领的时刻很快就来了，一些日本的海盗、游散的士兵集结起来，勾结奸商、贪官，时常骚扰东南沿海，当地称其为倭寇。由于倭寇人数众多，又行踪飘忽，常常是抢劫完一个地方就消失不见了，让明朝政府十分头疼。朝廷于是拨调戚继光去浙江，后任参将，专责抗倭事务，重担一下子压在了年仅27岁的戚继光头上。但是他毫无怨言，因为他知道，实现自己人生价值的机会来了。

戚继光到任浙江后，看见浙江的水师，着实头疼了一番。除了一些老弱残兵不能战斗之外，军队的风气也十分糟糕，士兵们训练无素，目无法纪，整日只知吃喝嫖赌。戚继光决定从改革军队入手，打造一支纪律过硬、作风强悍的军队。于是，戚继光在义乌招收了3000名农民与矿工。这些底层人民吃苦耐劳，又受尽倭寇的压迫，因此反抗的愿望最为强烈。经过戚继光严格的训练，一支具有强大战斗力的军队很快被打造出来，迅速地投入到抗倭的前线，发挥着积极的作用。这支训练有素、纪律严明的军队被人们亲切地称为"戚家军"。"戚家军"所到之处，倭寇无不闻风丧胆，落荒而逃。

戚继光像

1561年，倭寇集结万余人、战船五百余艘进犯浙江，很快便攻下了宁海、奉县等沿海县城，并准备围攻台州府城。戚继光率领"戚家军"几千人救援台州。战争持续了一个多月，在敌人优势兵力面前，"戚家军"毫不畏惧，勇敢地痛击倭寇。戚继光分兵水陆夹击倭寇，在台州九战九捷，敌人损兵六千，仓皇逃窜。戚继光果断地下令追击，然后，接下来的一幕最为出色地体现了"戚家军"的军队素质。原来，倭寇在逃亡的过程中，不断地抛撒掠夺来的金银珠宝，以为追兵会低头拾宝，无暇顾及逃亡的他们，这一招对付以往的明朝军队屡试不爽。可是倭寇失算了，他们面临的是戚继光一手栽培的、有着铁一样纪律的"戚家军"，而非普通的残兵败将。面对扔到脚下的金银珠宝，"戚家军"毫不理会，依然奋勇追敌。遇到这样的军队，倭寇也就只有哭天喊地的份儿了。

经过此役，不仅救出了上万名被俘的百姓，还大大打击了倭寇的势力。从此，浙东地区的倭寇基本扫平，百姓安居乐业。而此时，福建告急，倭寇成患，戚继光随即被调任到福建，主持抗倭事宜。

戚继光到了福建以后，打听到了倭寇的老巢在横屿，那里四面环水，易守难攻。戚继光亲自考察了那里的地形，发现有一条水道很浅，可以等到落潮的时候加以利用。几天后，"戚家军"趁着夜幕，乘船来到那条水道旁，这时正赶上大退潮。戚继光命令每人把背来的稻草扔下，几千捆稻草扔进浅浅的水里，竟然形成了一条"草路"。"戚家军"借着月光，渡过水道，奇袭敌军大营。正在酣睡的敌人被打了个措手不及，面对手执大刀的正义之士，毫无还手之力。就这样，"戚家军"在福建首战告捷。接着，"戚家军"又接连扫平了几个倭寇据点，倭寇被迫退回海上，不再来犯。

　　1562 年，经由福建巡抚谭纶等推荐，明世宗提升戚继光为浙江总兵，分管台州等地。戚继光也在荡平福建倭寇之后，调任浙江。戚继光一走，倭寇继续骚扰福建沿海，他们大声叫嚣："戚老虎去，吾复何惧？"寿宁、政和、宁德等县城很快又陷于倭寇之手。明世宗命俞大猷为福建总兵，戚继光为副总兵，两名抗倭名将联手，与倭寇进行最后的决战。

　　戚继光接到诏书之后，招募新兵一万，集合旧部两万，率大军南下。当声势浩大的"戚家军"开进福建之时，也是倭寇覆灭之日。平海卫一役，倭寇死伤过万，无力再战，而戚家军仅阵亡 16 人。是役，夺回府县大印 15 枚，解救被俘群众 3000 余人。当世宗听得这个好消息的时候，急忙祭祀谢天。他哪里知道，战场上的一切，都在戚将军掌握之中，是戚将军指挥得力、练兵有术才能取得这样空前的胜利。

戚继光抗倭舰队中的海沧船

　　倭寇当然不会甘心这样的失败，第二年集结了两万余人前来挑衅，锐利的攻势被"戚家军"一一瓦解，然后逐个击破。倭寇元气大伤，退回日本。从此，大明的万里海疆，风平浪静，万里无云。倭患成为历史，百姓们安居乐业，过上了幸福的生活。为了纪念抗倭英雄戚继光，他们还筹款修建了戚继光祠堂和庙宇，用来纪念这位祖国的海上长城。

　　戚继光年轻时曾写下这样一首诗："南北驱驰报主情，江花边草笑平生。一年三百六十日，多是横戈马上行。"这首诗正是戚继光戎马一生的写照。而他，最终也实现了"封侯非我愿，但愿海波平"的理想，用自己的行动，捍卫了祖国的海疆。

## 民族英雄郑成功

### 十年始克复先基

### 开辟荆榛逐荷夷

"开辟荆榛逐荷夷，十年始克复先基；田横尚有三千客，茹苦间关不忍离。"一首《复台》诗写出了他收复台湾的艰难历程，也写出了他那份体恤士卒、生死相依的血肉情深。关于他的民间逸闻传说很多，这个"他"就是"国姓爷"郑成功。

郑成功原名郑森，字大木，福建南安人。他的父亲郑芝龙原是海盗，后接受明朝招抚，因缉拿海盗和打击西方殖民者的海上侵略活动有功，而被封为福建总兵。郑森自小习文练武，早年进入南安县学堂，成为诸生，后来渐知兵法，成为文武双修之才。南明隆武元年，

郑成功像

郑芝龙将郑森引荐给南明隆武帝唐土。唐王对他十分倚重，钦赐他国姓"朱"。从此郑森改名朱成功，时人称他为"国姓爷"。不久后郑成功即被封为忠孝伯，成为南明江山的一棵顶梁柱。

这时南明的统治已经风雨飘摇、岌岌可危，北方强大的清军时

刻威胁着南明的安危。面对咄咄逼人的八旗劲旅，唐王隆武帝所依赖的主要力量便是郑芝龙家族的兵马。郑成功数次献上的抗清之策也深得他的赏识，可是没想到在生死存亡的关头，郑芝龙的砝码却偏向了清军一方。接受了明朝降臣洪承畴的劝降，郑芝龙不顾儿子郑成功的强烈反对转而降清。郑成功毅然与之决裂，率部南下澳门岛，招募数千士兵以补充兵力。在这里，他与部下将领歃血为誓，以死抗清。郑成功仍奉唐王隆武旗号，自任"招讨大将军"，以福建金门、厦门为基地，领兵抗清。

顺治五年，郑成功率军于福建同安、泉州等地连败清军，郑家军队伍不断壮大，声势渐重。第二年，郑成功派遣部将施琅攻克漳浦、诏安等地，改奉南明永历年号。其后郑成功率军在福建沿海多次与清军作战，相继取得小盈岭、海澄、江东桥等地的胜利，歼灭驻闽清军主力一部，威震闽南。

面对清廷的招安，郑成功拒不投降，即使清廷以他的父亲和宗族为要挟也不为所动。其后，南明永历帝相继晋封他为漳国公、延平郡王。顺治七年，郑成功率部进攻潮州，遭到清军顽强抵抗。后转攻石寨，但是没有攻下，部将施琅降清。

多年的战争，郑成功练就了一支能征善战的队伍，在接下来的近十年中，郑成功取得了对清军的一系列胜利。直到顺治十六年进攻江南，兵败南京。失败后郑成功率部回到了厦门基地，当时南明政权的皇帝桂王已经逃到了缅甸，郑成功没有了后援力量，形势日益恶化。知道短期内无法光复中原，郑成功决定收复台湾以作为反清复明事业的根本。

郑成功庙

顺治十八年，郑成功在厦门召开军事会议，决意收复台湾。台湾是福建地区海中的一座岛屿,当时被荷兰殖民者作为从事贸易与殖民的基地而长期占领着。在台湾岛上,荷兰人建成了赤嵌城和王城两座城堡,易守难攻。为收复台湾,郑成功下令调整部署、修整船只,加紧复台准备。三月,郑成功亲率官兵二万五千人、战舰百艘,从金门料罗湾出发,横渡台湾海峡,次日大军抵达澎湖。四月初,郑成功遣一部四千余人抢占鹿耳门港。由于鹿耳门水浅,船只无法进入,所以荷兰殖民者并没有在那里设防。郑成功利用海水涨潮的时机,指挥大小舰船直入鹿耳门,直插赤嵌城。此后郑成功又督师多次粉碎荷兰驻台总督揆一的反扑,并集中兵力一万二千人包围赤嵌城,不久破城,荷兰殖民者退守王城。为避免不必要的损失,郑成功派遣使者劝降荷兰殖民者说:"台湾本来就是我们的,你们无理占据了几十年,是时候归还了。至于珍宝,你们可以带走,但土地我们是一定要拿回来的。"一开始荷兰殖民者并没有答应,郑成功一怒之下把王城团团包围。攻城战随即展开,在围城的七个月里,荷兰殖民者死伤殆尽,城破之前仅剩一百多人。迫于郑成功强大的军事压力,荷兰殖民者宣布投降,并在停战书上签字。阔别祖国多年的台湾在历经沧桑之后再次回到了祖国母亲的怀

郑成功收复台湾

抱。收复台湾后,郑成功于是祭告山川,颁屯垦令,开东宁王国以经营台湾。他在台湾设"承天府",改台南为"东都",意思是说等候着明永历帝东来台湾,用以争取明朝遗臣的效忠。他任用谋士陈永华制定法律、设立官职、兴办学校。占据台湾后,他坚持在海外抗清。1661 年清廷杀了郑芝龙和他的儿子郑世恩、郑世荫、郑世默。1662年桂王朱由榔死于昆明,郑成功自为台湾之主,把台湾治理得井井有条。然而天妒英才,在收复台湾不久后,郑成功就因为感染时疫而病倒,最终不治而亡,享年 38 岁。

第二章 中华英雄

郑成功死后原葬台南洲仔尾,清政府收复台湾后,于 1699 年迁葬南安祖墓。光绪初年,清朝在台湾为郑成功设祠立祀。

作为明朝最后一个以实际行动反清复明的官员,他的行为难说是"忠"还是"愚忠",然而他的那份执着的确是让人感动。但作为一个武力收台、维护祖国统一的华夏子孙来说,"民族英雄"的称号对他而言当之无愧。

雁过留声,人过留名。短短的 38 年间,他的所到之处处处都有着极富传奇色彩的故事,这些故事也正如他的高大形象一样,经久流传。

郑成功石像

70

## 虎门销烟林则徐

### 虎门浓烟起　英雄永留名

一百多年前，当滚滚的黑烟从虎门海滩升起，一个老人欣慰地笑了，他身后千千万万的人民也笑了。正是这次销烟运动，结束了帝国主义企图用毒品麻痹中国人民，进而侵占中国领土的弥天大梦。这位老人——林则徐，也成为中国近代史上第一位与帝国主义斗智斗勇并取得了胜利的人，被永久地载入史册。

林则徐于 1785 年出生在福建的一个穷秀才家里，父亲一心希望他能学而优则仕，日后造福一方百姓。幼年的林则徐深受父亲这种思想的影响，勤奋好学，13 岁参加秀才考试，被选入当时福建省最高学府鳌峰书院。19 岁乡试顺利中举，取得会试资格，此后三次进京赶考，终于在 1811 年中得进士，跻身官场，林则徐的政治生涯从这里正式开始了。

林则徐

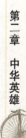

在翰林院的十年中,林则徐渐渐崭露头角,得到皇帝的器重。1820年调任江南道监察御史,不久转任杭嘉湖道,林则徐从中央下到地方,正是他施展抱负的时刻。他也始终没有忘记父亲的谆谆教诲,勤政爱民,体恤百姓,百姓们都亲切地称他为"林大老爷"。由于林则徐在地方上政绩卓著,他被擢升为江苏巡抚。当时满朝的文武百官多是旗人,林则徐成为朝中最受重用的汉族官吏,他也竭尽全力,实现自己的人生价值。

1833年除夕,江苏遭受百年难见的大雪灾,林则徐迅速组织衙役与苏州府学生几百人冒雪赶往受灾地区,发放赈灾物资。灾情过后,林则徐经过仔细的考察和论证,认为江苏连年发生涝灾、雪灾是由河道不畅,雨水不能及时排出造成的。因此,抗灾的关键是兴修水利,疏通河道。在奏请朝廷批准之后,林则徐开始在江苏大张旗鼓地兴建水利工程。建立了一些新的水库,保证农业灌溉有着充足的水源;打通以往淤堵的河道,发展漕运。在林则徐的大力发展下,江苏不仅告别了连年的灾情,自给有余,还迅速成为当时新兴的鱼米之乡,每年为朝廷缴纳大量的钱粮。但在这一大好局势之下,林则徐依然忧心忡忡。因为,在一片繁荣的背后,潜藏了一个深刻的社会问题,这个问题若不根除,不仅江苏会止步不前,连整个华夏民族都有可能断送了前程。

原来,林则徐所担心的,正是鸦片问题。鸦片最早是被当作麻醉药、止痛药引进中国的,但经常吸食易上瘾,长期吸食更会导致人们精神萎靡,身体衰弱。帝国主义列强正是看中了这一点,所以疯狂向中国走私鸦片,这不仅能麻痹中国人民,削弱其斗志,又有大笔的银子可赚。开始,鸦片的盛行还只是在南方沿海,很快便渗入到内地。对待鸦片的态度,朝廷分为两派,"严禁派"和"弛禁派"。一方主张果断禁烟,立即执行;另一方主张观望,稍后再做打算。"严禁派"以黄爵滋为首,他曾上书欲判吸食鸦片者以死罪,并提出了若干切实可行的禁烟措施。林则徐时任湖广总督,他十分支持黄爵滋关于禁烟的意见,并在自己的辖地开始执行。这时朝廷尚无定议,林则徐却已在湖广地区发布禁烟告示,雷厉风行进行禁烟运动。两个月间,5000杆烟枪当众销毁。大量鸦片被查缴并焚毁,湖广地区吸食鸦片的现象大为减少。林则徐接着上书《钱票无甚关碍宜重禁吃烟以杜弊源片》,指出鸦片的危害和严禁的必要性。观望中的道光皇帝看后大为震动,采纳了林则徐的主张,委派林则徐为钦差大臣,前往广东查办鸦片,加强海防。

1839年林则徐到达广州之后,深入民间,根据所得的具体情况,制订出一套周密的计划。禁烟首先要从源头抓起,林则徐在两广总督邓廷桢、水师提督关天培等人的配合之下,严厉地打击鸦片的贩卖活动。英国商人企图狡赖,拒绝上缴手中的鸦片。

林则徐与之斗智斗勇,最终林则徐更胜一筹,英国商人藏匿于商船之中的19187箱鸦片被收缴。英国驻华商务监督义律与林则徐签订协议,保证以后来华不再夹带鸦片,一经发现,鸦片没收,人即正法。在这一阶段的治理之后,广东的民风渐佳,鸦片的贩卖、吸食现象也不见踪迹。6月3日,震惊中外的虎门销烟开始了,由林则徐亲自监察。在虎门的海滩上,士兵们先把鸦片切成小块,放进沙池里面,然后倒入石灰,用铁锄反复搅拌,很快鸦片便被烧成黑色粉末,一股股浓烟升起。一池残渣冲刷入海之后开始下一池的工作,周而复始。每每看到一池的鸦片被销毁掉,周围就有无数的百姓为之欢呼喝彩,寄生在中华民族身上的毒瘤终于被铲除了!在22天的辛苦工作之后,所有的鸦片终于被全部销毁。虎门销烟是中华民族反对帝国主义的起点,中华民族觉醒了!

虎门销烟

在销烟斗争中,林则徐确实功不可没,人民不会忘记他,国家也不会忘记他。是他,点燃了中华民族的希望之火;是他,改写了中国近代的历史。

在广东期间,林则徐还致力于加强海防。他亲自视察广东海面的防御性建筑,下令在部分海面打木桩、架铁链,进行有效封锁;指挥操练海军,改革军政,使得广东的海军战斗力大增。以至于日后的鸦片战争,英法都避重就轻,绕过广东海军,攻打福建、江苏等地。另外,他还注意吸收外国先进的东西,组织翻译了大量的图书报纸,为中国人开阔眼界提供了有利的条件,后人称其为"近代中国开眼看世界第一人"。他

主持编译的《四洲志》成为日后魏源著《海国图志》的重要参考资料,对中国了解世界起了重要的作用。

林则徐铜像

不久后,英法借口虎门销烟发动了第一次鸦片战争,中国惨败,割地赔款。无能的道光帝迁怒于林则徐,将其遣戍至新疆伊犁。林则徐在荒芜的西北度过了晚年生活,1850 年在去往广西的路上染风寒而死于广东。

林则徐的一生,可以说是光彩熠熠。少年勤学,青年入仕,壮年得志,在位期间,勤政爱民,堪称官场典范。百余年之后的今天,每当想起虎门海滩那滚滚而上的黑烟,人们的心中就会默念他的名字。这样的一个名字,早已与华夏民族这顽强不屈的精神紧密相连,成为民族精神的一座不朽的丰碑。

74

# 虎门英魂关天培

海疆长城永不倒
虎门炮台逞英豪

一位年逾古稀的老人，只身面对成百上千的侵略者，仍能镇定自若，死守祖国的领土，誓与炮台共存亡。在战场上滚滚硝烟的映衬之下，老人略显瘦弱的身影高大起来，渐渐成为一个不可逾越的高峰，阻挡了侵略者前进的脚步……

这位老人就是鸦片战争中镇守虎门炮台的水师提督关天培。他用自己的生命，抒写了一曲悲壮豪迈的英雄之歌，永世传唱。

关天培，字仲因，1781 年生于江苏山阳（今江苏淮安市）。从小喜欢舞刀弄枪，习得一身好武艺，立志报国。22岁考取武生，历任把总、守备、参将、副将等军职。因军功显著，1832 年道光帝擢升其为江南提督，1834 年授广东水师提督。

关天培

　　这广东水师提督并非闲职。当时清朝奉行闭关锁国的政策,只留下广州港一处做"通商"之用。外国商贩显然并不满意这种政策,经常挑衅清政府。1832年英国商贩曾带军舰硬闯广东内河,引起冲突。另外,当地有不少奸商与官府勾结,从事鸦片走私的勾当。广州这样的一个是非之地,并不是人人都能治理得井井有条的。关天培深知圣上安排他来这里的用心,就是希望他能够利用自己多年治理地方的经验,来管理这个鱼龙混杂的地界。因此,在赴任之前,关天培把自己的妻儿全部遣送回老家,只身带领三名忠心的仆人上路了。这样才能做到无牵无挂,放开手来在广东这片本不属于自己的地面上干出一番事业来。

　　到了广州,他并没有进入官府衙门,接风洗尘更是放到了脑后。他做的第一件事,就是直奔广东广阔的海面,观察海防工事。可是这一看,新上任的提督大人心里不由得一颤。虎门海口那里只有十几门炮台,不仅威力小,大部分更因为年久失修,已经废弃了,只是摆设。如果洋人来犯,如何抵挡得住?另外水军的编制是八千人,但实际上只有四千不到,而且其中还有半数的老弱残兵不能打仗,将领也都是些纨绔子弟,根本不懂得如何领兵打仗,这样的海军状况,实在是令人堪忧。

清末吸食鸦片的场景

　　关天培看到这里,决心彻底整治军队,加强海防。他把原有的几座尚可使用的炮台修葺一新,增设了虎门、南山、横档几座炮台。新铸了巨炮四十余门,还从外国购进最新式的洋炮十六门,分置于四个炮台之上,炮台上的火力大增,远攻近守的能力都已具备。虎门海口的防御工事被修筑得十分牢固,巨大的木桩封锁重要的海面,一些军事海域也已经布满水雷。而在水师的整顿和训练方面,关天培更是下了很大的功夫。他首先遣散了一些已经没有战斗力的老兵,又吸收了一些年轻的渔民训练为水兵,并按照西方军队的方式操练。不久后,不仅人员达到了六千人,战斗力也大大提高了。林则徐来到广州后,对广州水师和海防更为重视,在二人的通力合作下,广东海防固若金汤。

广东海面的严密布防、广东水师的坚船利炮,使得帝国主义的舰艇不敢轻易来犯,而对于洋人的挑衅活动关天培也给予了有力的还击。

1839 年 9 月 4 日,英国驻华商务监督义律率军舰二艘、货船三艘以购买日用品为名靠近九龙山港,突然开火,炮轰港口,挑衅广东水师。广东水师大鹏营参将赖恩爵奉命迅速赶到,猛烈还击,英军战败,狼狈而逃。英军的挑衅活动并未终止,两个月以后,义律又集结商船,阻碍中英正常贸易,挑起"穿鼻之战"。这次战斗实际上是鸦片战争的演练,揭开了鸦片战争的序幕。在这次关键的战斗中,关天培亲临战场指挥监督。虽手背受伤,血流如注,但依然执刀立于船头,威风凛凛。他下令让士兵连轰数炮,英舰在密集的炮火之下受到重创,仓皇逃离。

鸦片战争海战图

此后,清军在关天培的率领下,打退了英军的六次进攻,英军退守南洋,不敢来犯。战斗结束后,关天培得到清政府的嘉奖,道光帝颁布圣谕,夸赞关天培"身先士卒,可嘉之至",并下令"交部从优议叙,以示奖励"。

不久，鸦片战争爆发了。由于战场上的节节失利，昏庸的道光帝迁怒于林则徐，认为禁烟活动激怒了洋人，下令将林则徐撤职查办，并委派直隶总督琦善代任两广总督兼钦差大臣。

琦善是个主和派，生怕战争影响了他的地位。因此，一到任就下令尽撤海防，遣散兵勇。关天培多年来苦心经营的三道防线和木桩铁链组成的封锁线全部被损毁。

英军见有机可乘，便大举发动攻势，进攻大角、沙角炮台。这两个炮台一旦攻下，便会对虎门形成合围之势，虎门危矣！而虎门正是中国南海的门户，一旦失陷，广东即将不保，中国的命运也岌岌可危！由于防御工事的损毁及兵力的不足，两个炮台很快就被攻陷了，守军副将陈连升父子殉国。这时提督关天培与总兵李廷钰各只有残兵数百，分别镇守靖远、威远两炮台，这样的兵力根本不足以与英军相抗衡，于是关天培向琦善请援，希望总督大人能伸出援手。可是琦善对战况全不关心，拒绝派出援军。

在经过了一个月的休整之后，英军大举进攻虎门，关天培在兵力相差悬殊、孤立无援的情况下，抱定必死的决心坚守炮台，誓与炮台共存亡。战前关天培曾将自己的一些旧衣物和脱落的牙齿派人送回家乡，表达自己的誓死报国之心。而自己的全部财物也都分赠给将士，激励他们英勇杀敌。决战的时刻，关天培便亲自坐镇靖远炮台。当时他已经年届六旬，但精神矍铄。炮台之上，他鼓励大家："人在炮台在，不离炮台半步！"官兵也发出了震天撼地的应和声。靖远十五门大炮威严地排列着，炮口朝南，它们就像十五名钢铁铸成的战士，守卫着广阔的南疆。26日拂晓，英军在浓雾的掩护下偷偷靠近，关天培亲自指挥，打退了英军海军的一次次进攻。下午两点多钟，情况有所逆转，风向突然改变，南风大作，英军军舰乘风猛攻，炮火连天。关天培负伤多处，但他仍镇定地指挥。有个炮手牺牲了，关天培跳下太师椅，亲自上膛发炮，猛烈的炮火使敌人不敢靠岸。但是由于使用时间过长，有8门大炮的炮膛已经发热炸裂。守军阵亡过半，弹药也所剩无几。当天晚上，英军便重重包围炮台，形势迅速恶化，在这危急的时刻，关天培把自己的官印交给了一个心腹护卫，吩咐他突围后送交衙门，不要落入敌人手中，否则，有损中国水师的威名。护卫跪了下来，哭着要背着他突围。关天培跳下椅子，怒目圆睁，抽刀出鞘，厉声说："如不从命，立斩不赦！"侍卫只得含泪而去。很快，炮台不保，敌人拥了上来，关天培奋不顾身地迎击，身中数弹而死。一位忠心卫国的老将，血洒祖国的南疆，谱写了一曲忠君报国的赞歌。

关天培殉国后，林则徐曾赋诗一首，以纪念这位祖国海疆上的万里长城："功高靖远长城倚，心切循陔老圃知。泪露英含堂北树，傲霜花艳岭南枝。"关天培也成为鸦片战争中一面爱国主义的大旗，风雨飘摇，却始终高扬不倒。

## 黄海传奇邓世昌

忠骨葬黄海　甲午殉国难

时光荏苒，当历史的纪年表向后翻去 100 多年，黄海边上的硝烟早已飘散，当年的战列舰也已成为了历史陈迹。海浪滔滔，吞没了近在咫尺的浮杂，却难以抹去关于英雄的记忆。黄海之滨，大江南北，"邓壮节公"的故事流传于街头巷尾。

邓世昌出生于乱世，而他短暂的一生几乎可以用"优秀"二字概括。18 岁时他考入福建船政学堂学习。在这所以培养中国自己的造船和海军人才为办学宗旨的近代学堂里，邓世昌如饥似渴地学习着，眼前的科学文化知识深深地吸引着他。七年后邓世昌以优异的成绩毕业，船政大臣沈葆桢奖给他五品军功，并任命他为"琛航"运船大副，次年即升任"海东云"炮舰管带，奉命巡守澎湖、基隆。1880 年，为建设北洋海军，李鸿章四处搜罗人才，看中了邓世昌，并称赞其"熟悉

邓世昌

管驾事宜,为水师中不易得之才",将其调入北洋海军,先后任命其为"飞霆""镇南"两舰管带。同年冬天,邓世昌随北洋海军提督丁汝昌前往英国接收订购完工的"扬威""超勇"两艘巡洋舰。此次航行,邓世昌驾舰完成了北大西洋——地中海——苏伊士运河——印度洋——西太平洋航线,填补了中国海军的空白,大大增强了中国的国际影响力,邓世昌因功被任命为扬威舰管带。

邓世昌精通西学、为人谦和,平时又爱护士兵、生活俭朴,是近代中国海军中不可多得的将才;他治军严谨、精于训练,务实而热血,是民族危难关头难得的济世之才。

时势造英雄,甲午海战最终见证了他的英勇。

1894 年,朝鲜爆发了东学党起义,应朝鲜政府请求,中国出兵协助镇压。日本也趁机派兵入朝,并挑起中日战端。9 月 17 日,北洋舰队在护送陆军增援朝鲜后,于大东沟海面与日本联合舰队相遇,爆发了规模空前的黄海大海战,这就是著名的"中日甲午海战"。

这是一场遭遇战,对阵双方,中国军舰 10 艘,日本 12 艘。总的来说,参战双方可以说是势均力敌,只是战斗刚一开始,北洋舰队的旗舰"定远"号即被击中,主帅丁汝昌身负重伤,帅旗也被炮火击落,桅杆倒塌,舰队失去了统一指挥。情形对北洋舰队十分不利,日舰逐渐取得主动权。

致远舰

就在这危急时刻,致远舰管带邓世昌挺身而出,为了整体利益,他主动担负起指挥舰队作战这一危险而艰巨的任务。邓世昌命令升起旗舰旗帜,掩护定远舰,指挥致远舰冲锋在前。在邓世昌英勇无畏精神的感召下,致远舰官兵也分外勇敢,越战越勇。因为致远舰的勇往直前，它立即遭到了四艘日舰的围攻，中弹最多，伤痕累累，舰身多处受伤，船身倾斜，最后竟至于弹尽粮绝。

可就在这时，致远舰却迎头遇上了装备精良、气焰嚣张的日舰主力吉野号。吉野号是日军所倚仗的主力舰。抱着以死报国的决心，邓世昌慷慨激昂地对全舰官兵说："我们从军报国，早就已经把生死置之度外了，今天这样的情况，我们只有战死疆场才能对得起国家了。"肃穆的气氛充满了全舰，从那一双双赤诚的眼神中，邓世昌看到了坚定。于是他大声下令："撞沉吉野号！"已经倾斜的致远舰加足了马力，像一只受伤杀红了眼的猛兽，直奔吉野号而去。将士们明白，致远舰受到重创，已经无力再战，此时唯有撞向敌舰，但求与敌舰同归于尽，以消耗敌人力量、扭转战局。而他们自己的生命，也已经像他们的管带那样，托付给了致远舰，人在舰在，舰毁人亡。远处的吉野号越来越大，两舰之间的距离在迅速缩小着。邓世昌明白，不论成功与否，致远舰全体官兵的生命也在迅速地随着这距离的缩小而缩短。

嚣张的吉野号终于发现了灭顶之灾的邻近，吉野号惊呆了，这样的打法还没在海战史上出现过。转眼间，刚才的嚣张气焰已变成夹着尾巴逃跑的狼狈，它极像一只丧家犬。致远舰紧紧地咬着吉野号，邓世昌的眼睛里充满了仇恨的怒火，这怒火燃烧了他的躯体，照耀着他的灵魂，撞沉吉野号是他最后的信念。

81

猛烈的爆炸声宣告了又一个悲壮的开始，逃跑中的吉野号发射的鱼雷击中了已是伤痕累累的致远舰。邓世昌一个趔趄险些摔倒，汹涌的海水疯狂地吞噬着垂危的致远舰。眼见着吉野号越逃越远，邓世昌的心已死。挺立船头，他深情地看了致远舰最后一眼，它和他们都已经尽忠了。海水没过膝盖，微冷，一颗赤诚之心即将魂归大海。邓世昌拒绝了随从抛来的救生圈，镇定凛然地说道："我早已立志杀敌报国，今天死于海战是为民族大义而死，死得其所，我又何必去求得一生呢？"黄海的波涛并没有因为这满腔的热血而安静片刻，本已是苦味的海水中又加入了眼泪的咸味，望着波涛中起伏的管带大人，士兵们的心中有着太多莫名的痛与感动，然而更多的却是不忍与无奈。泪眼模糊他们又见到了一丝希望，邓大人的爱犬"太阳"来了！这是只义犬，即便在战斗中也是常伴邓大人左右，此刻邓大人有难，它更是没有畏缩。邓大人或许有救了，就看在这义犬的分上。"太阳"飞快地朝主人逼近着，眼神里满是忠诚，终于它咬住了主人的手臂。见了朝夕相伴的爱犬"太阳"，邓世昌本已是死寂的眼神中闪过了一丝暖意："放开我吧，太阳！你去吧，永别了太阳！"他推开了咬住自己胳膊不让下沉的爱犬，死亡的脚步离他很近，很近。"太阳"似乎是明白了主人的意图，可又似乎是并不明白，在主人即将沉下去的那一瞬间它再次游近，叼住了主人的辫子。"太

第二章　中华英雄

阳"再次延缓了死神前行的脚步,看着满脸忠诚的爱犬,想起刚刚葬身黄海的部将,邓世昌是矛盾的。可这矛盾却只持续了一瞬,将"太阳"揽入怀中时他的手并没有丝毫犹豫。而此刻的"太阳"也似乎是最终明白了,当苦涩的海水钻入鼻孔,"太阳"的头下意识地钻入主人的怀中,尽管它的嘴中还死死地咬着主人的辫子……

黄海接纳了他,接纳了这个永不言败的斗士和他满腔的爱国热情。虽然黄海海战的结局并没有因为他而改写。可是,他英勇抗敌的事迹和拼死护国的精神,却深深地感染、教育着一代又一代的炎黄子孙,激励、鞭策着华夏儿女为祖国的繁荣富强贡献力量。

邓世昌铜像

## 维新志士谭嗣同

**我自横刀向天笑**
**去留肝胆两昆仑**

谭嗣同，字复生，号壮飞，是湖南长沙浏阳人，我国近代史上著名的维新人物。1898 年发动戊戌变法，变法失败后，于 1898 年 9 月 28 日在北京宣武门外的菜市口刑场英勇就义。同时被害的维新人士还有林旭、杨深秀、刘光第、杨锐、康广仁。这六位英雄被后世合称为"戊戌六君子"。

谭嗣同曾有很多机会可以像康有为梁启超一样远走避祸，但是他没有，相反，他选择了为中国革命流血牺牲，用鲜血来唤醒愚昧麻木的民众。

历史不会忘记谭嗣同，后人也不会忘记谭嗣同。他在死囚牢房墙壁上的题诗至今仍被人们铭记着："望门投止思张俭，忍死须臾待杜根。我自横刀向天笑，去留肝胆两昆仑。"

谭嗣同出身于一个封建官员家中，他的父亲谭继洵曾任清政府户部郎中，母亲徐氏出身贫寒，作风勤朴，经常督促谭嗣同刻苦学习。

谭嗣同自幼聪明伶俐，年仅十岁就拜浏阳著名学者欧阳中鹄为师。在欧阳中鹄这位鸿儒的影响下，他对王夫之的思想发生了兴趣，受到了爱国主义的启蒙。他读书并不像当时一般人一样，急功近利，只求在科举考试中一步登天加官晋爵。他知识面广，喜欢经世济民的学问，文章写得很有才华。他对传统的时文八股非常反感,曾经在课本上写下"岂有此理"几个字。

1884 年,他离家出走,游历直隶、甘肃、新疆、陕西、河南、湖北、江西、江苏、安徽、浙江、山东、山西等省,观察风土,开阔视野,结交名士,思考人生。他看到了清政府的腐败无能,人民的深重苦难,同时也开始接触当时介绍西方科学、史地、政治的书籍,丰富自己。

1894 年,中日甲午战争爆发。由于清政府的腐败无能和妥协退让,中国战败,1895 年签订了丧权辱国的《马关条约》。1895 年 5 月 2 日,康有为联合在京参加会试的 1000 多名举人上书清政府,要求拒和、迁都、变法。深重的民族灾难,焦灼着谭嗣同的心,他对帝国主义的侵略义愤填膺,坚决反对签订和约,对清政府"竟忍以四百兆人民之身家性命一举而弃之"的妥协行径极为愤慨。在变法思潮的影响下,开始"详考数十年之世变,而切究其事理",苦思精研挽救民族危亡的根本大计。他感到"大化之所趋,风气之所溺,非守文因旧所能挽回者",必须对腐朽的封建专制制度实行改革,才能救亡图存。

84

时务学堂总理及教习合影,左二为谭嗣同

谭嗣同随后写成重要著作《仁学》,它是维新派的第一部哲学著作。他在这部著作中,愤怒地抨击了封建君主专制所造成的"惨祸烈毒"和三纲五常对人性的摧残压抑。

1897 年,接受了倾向维新的湖南巡抚陈宝箴的邀请,回到湖南协助兴办新政,在教学中大力宣传变法革新理论,还把含有民族主义意识的书籍发给学生,向他们灌输革命意识,使时务学堂真正成了培养维新志士的机构。1898 年 3 月,他又与唐才常等人创建了维新团体南学会。南学会以联合南方各省维新力量,宣讲爱国之理和救亡之法为宗旨,"演说万国大势及政学原理"。为了加强变法理论的宣传,他还创办了《湘报》,作为南学会的机关报,由他任主笔。由于对湖南新政的尽力,他以"新政人才"而闻名。光绪"诏定国是"后不久,就有人向光绪推荐谭嗣同,光绪同意召见。8月 21 日,他抵北京。9 月 5 日,光绪下诏授予谭嗣同、林旭、刘光第、杨锐四品卿衔,参与新政。次日,光绪又召见他,重申自己变法的决心和对慈禧太后、守旧大臣阻挠的无可奈何,并说:"汝等所欲变者,俱可随意奏来,我必依从。即我有过失,汝等当面责我,我必速改。"光绪变法的决心和对维新派的信赖使谭嗣同非常感动,他觉得实现自己抱负的机会已经在握。他参政时,维新派与顽固派的斗争已是剑拔弩张。慈禧等人早有密谋,要在 10 月底光绪去天津阅兵时发动兵变,废黜光绪,一举扑灭新政。9月 18 日,谭嗣同夜访袁世凯,要袁带兵入京,除掉顽固派。袁世凯假惺惺地表示先回天津除掉荣禄,然后率兵入京。袁世凯于 20 日晚赶回天津,向荣禄告密,荣禄密报慈禧。21 日,慈禧发动政变。慈禧连发谕旨,捉拿维新派。

他听到政变消息后并不惊慌,置自己的安危于不顾,多方活动,筹谋营救光绪。但措手不及,计划均告落空。在这种情况下,他决心以死来殉变法事业,用自己的牺牲去向封建顽固势力做最后一次反抗。谭嗣同把自己的书信、文稿交给梁启超,要他东渡日本避难,并慷慨地说:"不有行者,无以图将来,不有死者,无以召后起。"日本使馆曾派人与他联系,表示可以为他提供"保护",他毅然回绝,并对来人说:"各国变法,无不从流血而成,今日中国未闻有因变法而流血者,此国之所以不昌也。有之,请自嗣同始。"

谭嗣同平素喜欢结交豪侠,与大刀王五更是惺惺相惜。谭嗣同一身豪气干云,作风血性义气。但谭嗣同最后留下的视死如归的气概却绝非鲁莽或者出于江湖之勇。如果说谭嗣同走上刑场之前还有什么牵挂,那也就是后人们是否为他的鲜血所激励了。他在刑部狱中给梁启超的绝笔书中写道:"嗣同不恨先众人而死,而恨后嗣同死者虚生也。啮血书此,告我中国臣民,同兴义举。"在狱中,谭嗣同意态从容,镇定自若,写下了这样一首诗:"望门投止思张俭,忍死须臾待杜根。我自横刀向天笑,去留肝胆两昆仑"。

9 月 28 日,六君子英勇就义于北京宣武门外菜市口。传说宣武门箭楼下吊桥西侧原立石碣,上书"后悔迟";而菜市口附近有一牌坊,上书"国泰民安"。从刑部大牢到菜市口的途中，谭嗣同应该都会看到，但是他坚毅的脸上大义凛然的神情仿佛在昭告世人："后悔迟"与谭嗣同无关！

当时刑场上观看死刑的围观者多达上万人。谭嗣同神色不变，临终时留下了这样的遗言："有心杀贼，无力回天，死得其所，快哉快哉！"充分表现了一位爱国志士舍身报国的英雄气概。

谭嗣同纪念馆

1899年，他的遗骸运回原籍，葬在湖南浏阳城外石山下。墓前华表上的对联写道：亘古不磨，片石苍茫立天地；一峦挺秀，群山奔赴若波涛。

梁启超《谭嗣同传》这样评价这位英雄："复生之行谊磊落，轰天撼地，人人共知，……故惟有舍身以救众生。佛说：'我不入地狱，谁入地狱？'孔子曰：'吾非斯人之徒与，而谁与？……'故孔子言不忧不惑不惧，佛言大无畏，盖即仁即智即勇焉。通乎此者，则游行自在，可以出生，可以入死，可以仁，可以救众生。"

## 鉴湖女侠秋瑾

秋雨秋风愁煞人
始信英雄亦有雌

天阴雨湿，凄风动幕。囚犯与判官在审判的花厅之上设座对谈，这样的待遇已经是破格了，可是优美的诗句却难再写。回首往事，"驰驱戎马中原梦，破碎山河故国羞"只像是昨天。供词本上，"秋风秋雨愁煞人"七字刺目揪心……

这就是秋瑾，不让须眉的秋瑾，慧质兰心的秋瑾，一生传奇的秋瑾。

秋瑾的一生是短暂的，仅仅32年的生命历程似流星般稍纵即逝，却也像流星般灿烂而永恒。臧克家说过，"有些人死了，他还活着"，秋瑾就是这样的一个人，留名青史，虽死而犹生。曾有人感叹说三十几年太短，纵使天赋神勇也难有作为，可悲情的秋瑾却在32年间优雅而从容地谱写出了一曲巾帼英雄之歌。

秋瑾戴帽照

第二章 中华英雄

从外貌上看，秋瑾有着江南女子一贯的秀气俊美，面容慈善祥和，目光温柔却略带英气。她从小喜欢读书，仰慕上古时候的游侠，钦佩朱家、郭解等人，身为女子，却事事不落于人后。"红颜谁说不封侯？""始信英雄亦有雌。"是她不让须眉的写照。年轻时的秋瑾深受古典文化熏陶，但民族危机的日益加深促成其内心救国思想、女权意识的觉醒。1904 年夏，秋瑾最终冲破封建家庭束缚，东渡日本留学。两年后从日本归国，秋瑾乘船来到了上海。在这里，她有幸见到了革命领导人孙中山。交谈中，孙中山得知秋瑾在留日期间曾主编刊物，于是建议说："可以凭借你的特长，办报宣传，迅速有效地解决问题。"秋瑾在与孙中山的交谈中获得了很大的启示。为了让不识字的女同胞能够看明白书报上的内容，秋瑾决定创办一份浅显易懂的《中国女报》。1907 年《中国女报》在上海创刊，秋瑾亲自撰写了发刊词，阐明这份刊物的主要目的是驱散"中国女界之黑暗"。报纸发行后，大受欢迎。可惜的是，因秋瑾等忙于准备武装起义，《中国女报》仅仅出版了两期。但是，它却产生了重大的社会影响，在中国妇女运动史上留下了光辉的一页。

女报停办不久后，秋瑾就因为母亲去世而回到了家乡绍兴。恰好此时绍兴大通学堂缺少负责人，于是秋瑾就应邀以董事名义主持校务。以学堂为据点，秋瑾派人到浙江各处联络会党，自己则往来于杭州与上海之间做军队与学生的工作，着手准备起

秋瑾在日本的留影

义。她秘密组织了光复军，并起草了檄文、告示，商定了起义策略，准备同安徽的徐锡麟呼应。正当一切准备就绪时，忽然传来了徐锡麟在安庆起义失败并惨遭杀害的消息。秋瑾悲痛万分，想起就在不久前还与徐锡麟相互通信共同勉励，故人的音容笑貌还宛在眼前，怎料得须臾之间人鬼殊途，壮志未酬身先死！强抑制住心中悲痛，秋瑾提醒自己要坚强，因为她知道，革命是避免不了流血的，而正因为死亡的存在，心中的信念才更加坚定。

经过了之后的一系列小规模的起义，秋瑾已经成长为一名合格的革命领导者，很快，考验革命者的时刻就到来了。

安徽起义失败后，秋瑾不幸被供出，清

政府点名缉捕。本来秋瑾有着足够的时间隐蔽或者转移，可是她却做了另一种选择。在沉着地藏好枪支弹药、遣散学生之后，她拒绝了亲友要她离开绍兴的一切劝告。秋瑾把自己一个人留在办公室里，想起多灾多难的中国，想起为祖国、为人民而献身的革命志士，她的心中一片坦然。生亦何欢，死亦何苦？时至今日，中国居然还没有一个为救国而献身的女子，这是女界的悲哀！革命是需要保存力量的，于是秋瑾遣散了众人；而革命同样也是需要牺牲的，于是秋瑾自己毅然留下。轻轻地带上办公室的门，秋瑾提醒自己"革命要流血才会成功"。为了革命，这血她愿意去流。

门外清兵的脚步声近了，近了，零乱而嘈杂。端坐室内，秋瑾静静地看着放在桌上的手枪。想着昔日配枪跨马、不怒自威的自己，一丝笑意不觉间划过嘴角。忍不住再次抚摸爱枪，秋瑾终归于平静：是时候舍身成仁了。"仔细搜！"窗外的叫嚷声打断了秋瑾的遐思，顷刻间，清军已破门而入。秋瑾平静而安详地看着这些奉命行事的兵勇，优雅地让人觉得是母亲在端详着自己的孩子。片刻间的寂静之后，清军逮捕了秋瑾。

14日午后，天阴沉沉的，雨丝随风横七竖八地洒落。县令李钟岳奉命在花厅审讯秋瑾，却破例为秋瑾设座。秋瑾知道，眼下的这个县令向来对自己的文章极为称许，就是对这次逮捕自己的行动也是极力反对，甚至明知不可违命却也故意拖延时间，让学校师生逃走。秋瑾平静而坦然地诉说着，李钟岳静静地听着。这时候李钟岳给秋瑾递上了笔，要她写下供词。秋瑾拿起笔来，想了想却只写了一个大大的"秋"字。李钟岳要她再写，秋瑾于是顺笔写成"秋风秋雨愁煞人"七字，即举世传诵的绝命之言。时值盛夏，秋瑾却写出了"秋风秋雨愁煞人"之语，想来令人哀叹。

第二天凌晨两点，知府贵福向李钟岳下令处决秋瑾，并派心腹监督执行。三点，李钟岳将秋瑾从牢狱中提出，说道："我本来想救你一命，可朝廷却一定要杀你，我已无能为力。你明白吗？"说完两行热泪滚滚流下。秋瑾从容地回答说："你的盛情我只有来世再报了。今天我只求你三件事：一、我是一女子，死后千万不要剥下我的衣服；二、请为我备棺木一口；三、我想写家信一封。"李钟岳一一应允。秋瑾于是不再说话，从容地走向了轩亭口。赴刑途中，无数百姓（女性居多）前来送行。看着这些已经觉醒的民众，秋瑾顿感欣慰。时代在进步，革命的浪潮已经无法阻挡，这都是战友们和自己曾经努力的结果。7月15日早4点，随着一声清脆的枪声，秋瑾英勇就义了，终年32岁。

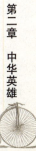

秋瑾雕像

　　秋瑾遗骨被安葬于西湖。西子湖畔,继岳飞等忠烈之士后再添忠骨。这位女界的勇者,革命的斗士,正如矗立西子湖畔的雷峰塔一样,在人们的心中,立起了一座不朽的丰碑。

## 抗日名将张自忠

### 热血溅沙场　上将铸军魂

你知道抗日战争中中国军队牺牲的最高将领是谁吗？你知道被周恩来誉为三军"军魂"的殉国将领是谁吗？答案是唯一的,那就是张自忠。

张自忠,字荩忱,祖籍山东。早年就读于天津北洋法政学堂,却因对军事兴趣浓厚而弃笔从戎,参加了冯玉祥的西北军,立志报国。

西北军中,提起张自忠,无人不知。他因治军严厉而著称,人送绰号"张扒皮"。他所带的部队,纪律严明,战无不胜。1933 年,张自忠率部在喜峰口大败日军,这是他抗日历史的起点,没想到从此开始便一发不可收拾。

一代名将张自忠

第二章　中华英雄

抗战爆发后,张自忠犹如蛟龙出水、猛虎出笼。历经淮河、徐州等战役,所向披靡,扬名神州,官至第五战区右翼兵团总司令兼第三十三集团军总司令。同时,张自忠也作为一个棘手的对手而备受日军钦敬,被他们敬称为"活关公"。正如关公以忠义闻名一样,张自忠也堪称精忠报国的典范。在被误认为与日本人有染之后,张将军表明态度:"我张自忠决不是韩复榘(亲日投降派),他日流血沙场、马革裹尸,你们始知我取字'荩忱'之意!"

张将军并没有信口开河,残酷的战事马上就被摆到他面前,他也用行动证明了自己所言非假。1940年5月,15万日军向襄河东岸第五战区部队发动大规模进攻,枣宜会战打响。张自忠亲笔写信,告谕五十九军各师、团主官:"只要有敌人来犯,我马上奔赴河东与你们并肩作战,以死抗敌,希望你们互相勉励,不要让敌人占得一寸土地。"

5月7日拂晓,张自忠率部渡过襄河,奔赴河东战场。

在张自忠的指挥下,河东官兵拼死搏杀,有效地遏制了日军的攻势,并截断了日军的后方补给。日军只得抽调两个师团5万余人,集中力量攻打张自忠部,希望取得压倒性的优势。张自忠立即率军迎击。在梅家高庙、方家集等地重创日军。后因双方势均力敌,战局陷入僵持阶段。

为了打破僵局,获得战争的主动权,张自忠决定打击日军神经中枢,夜袭日军总指挥部。临行前,张自忠鼓励将士们说:"国家养兵就是为了打仗,打仗难免会有伤亡。人总是要死的,为国家为民族而死重于泰山!今天,为国家献身的时刻到了,兄弟们,让鬼子们知道我们中华儿女的厉害!"在张自忠的激励下,奇袭部队一举端掉日军的总指挥部。进攻的日军惊闻老巢被端,极度慌乱,忙调转方向回程营救,途中被张自忠的部队伏击,日军伤亡惨重,狂退60里。

几日后,日军卷土重来,集结30万兵力进犯鄂北的随县、枣阳地区。张自忠奉命死守该地,但手中仅有两个团及特务营几千人。面临大军压境,张自忠十分镇定,决定渡河作战,占据有利地形。临行前,张自忠亲笔谕告所部各将领:"看最近的情况,敌人可能还会过来碰一下钉子。只要敌人来犯,我们就要拼死对敌。国家到了这样的地步,除非我们牺牲,再没有其他办法。我们要相信,只要我们能本着这样的决心,我们伟大的国家和我们五千年历史的民族,决不至于灭亡于区区三岛倭奴之手。为国家民族赴死的决心,海不清,石不烂,决不会有半点改变。希望大家互相激励,渡过这一难关。"正所谓"风萧萧兮易水寒,壮士一去兮不复还"。张自忠率所余两千余人东渡襄河后,一路奋勇进攻,但在方家集遭到日军优势兵力围攻。张自忠面对人数比他多出一倍半的日军毫不畏缩,多次指挥部队向日军冲杀,但因寡不敌众被迫退入南瓜店十里长山。

雨水夹杂着鲜血，在狂风中肆虐，厮杀仍然继续着。张自忠亲见日军一步步逼近，再也按捺不住，提起一支冲锋枪，向山下冲去，扣动扳机向日军猛烈扫射，十几名日军应声倒下。可就在同时，远处的日军机枪向他射来，他身中数弹，右胸洞穿，血如泉涌。马孝堂少校见他挂彩，飞奔上前为他包扎。

伤口还未包扎好，日军就已冲了上来。危急之中，张自忠对身旁的张敬、马孝堂等人说："我不行了，你们快走！我自有办法。"大家执意不从，张自忠欲拔出腰间的短剑自裁，卫士将他死死抱住。

弥留之际，张自忠平躺在地上，面无血色，平静地仰望着天空，说："我这样死得好，对国家，对民族，对长官，都问心无愧。你们快走！"

这时，日军步兵已冲至跟前，多处负伤的高级参谋张敬举枪击毙数名日军后，被蜂拥而来的日军用刺刀捅死。而此时的张自忠，从容地掏出手枪，在数百名日军面前，结束了自己光辉的一生。

一代名将，壮烈殉国。当日军查证了张将军的身份后将其厚葬于陈家祠堂后面的土坡上，坟头立一墓碑，上书："支那大将张自忠之墓。"

张自忠将军

张自忠之墓

第二章 中华英雄

一个誓死抗日并战死沙场的将军,却得到了敌人——日本军人的尊敬,这正说明了张自忠人格的魅力。崇高人格的感召力,可以跨越敌我界限,这正是对其精神的极大赞扬。日本的侵华战争固然需要汉奸的帮助,但是日本人内心里只把汉奸视为工具,而没有把他们当作真正的"人"来看待,张将军的死虽然悲壮,却也不失为对汉奸走狗的一大讽刺。

张自忠虽已死去,但他的精神和气节,已经超越了他的生命和他所处的时代,汇入了中华民族精神的源源长河之中。

# 革命光烈夏明翰

## 砍头不要紧 誓将真理传

"砍头不要紧,只要主义真。杀了夏明翰,还有后来人!"这是中国共产党党员夏明翰在被国民党反动派杀害前,写的一首气壮山河的就义诗,一直为人们所传颂。

夏明翰,字桂根,祖籍湖南衡阳县,1900 年出生于父亲居官的湖北秭归县。夏明翰的父亲早逝,夏明翰由前清进士任过户部主事的祖父抚养,被强迫每日读四书五经。思想开明的母亲却主张儿子接受新式教育。祖父和父母两种思想的冲突,使幼年夏明翰养成了喜欢思索和勇于探寻真理的精神。

刚刚懂事的夏明翰偶然见到一个面黄肌瘦的妇人背着婴儿要饭,便把身上的钱全给了她,母亲问他原因的时候他用稚嫩的童音说:"我第一次知道世上还有饿肚子的人。"后来他好心帮女佣挑水,却受到祖父的大骂,祖父

夏明翰

认为他"没有出息"。常给夏明翰讲故事的老轿夫上了年纪被祖父辞退，离开夏家不久就惨死街头。这些往事使得夏明翰发出"人间不平，何也"的呼声，对封建家庭产生了憎恶。

他在学校中接受了反对军阀的思想，回家看到祖父与北洋军阀头目吴佩孚来往，一气之下把吴送来挂在墙上的条幅撕得粉碎。祖父恼怒万分，又听到豪绅们登门告状，说夏明翰在外领导学生运动，便命家人把这个叛逆的孙子锁到一间房子里。夏明翰就此下决心与祖父决裂，托弟弟夏明震找来一把斧子，砍开窗户跳出屋子，离家出走，到长沙结识了毛泽东、何叔衡等人。后来入自修大学，并经毛、何二人介绍加入了共产党。不久，夏明翰便在自修大学附设的实习学校任教务主任，为湖南培养出一大批党团骨干。同时，他还领导了长沙人力车工人的罢工和抵制日货的斗争。1923年，自修大学被封闭后，夏明翰转而开展农民运动。在他的影响下，弟弟夏明震、夏明弼和妹妹夏明衡也离家到广州农讲所学习，并成为共产党领导下的农运领导骨干，后来都在湘南暴动时期牺牲。

参加共产党后，夏明翰更以解放劳苦工农大众为己任。在组织"人力车工会"时，同那些拉车的穷苦车夫日夜吃住在一起，搞农运时也同穷苦农民打成一片。后来与他结为革命伉俪的妻子郑家钧，也不是什么名门闺秀，而只是一个有进步思想的湘绣女工。

1927年初，他去毛泽东主持的武汉中央农民运动讲习所，担任了全国农民协会的秘书长，并兼任毛泽东的秘书。

1928年初，夏明翰告别妻子和刚出生的女儿来到武汉。以野蛮著称的桂系军阀正在大肆搜捕革命者，许多被捕者根本不经审判便被处决。面对市面上一片萧条和恐怖，夏明翰全无惧色，仍奔走在各个秘密机关，进行革命工作。谁知道被叛徒告密，年轻的夏明翰被捕了。

夏明翰与妻子

审判官看夏明翰文质彬彬，以为他会好对付，只要施以功名利禄的诱惑，要不了几个回合,夏明翰就会乖乖就范。于是用"识时务者为俊杰"和功名利禄的诱饵劝夏明翰投降。可是夏明翰正襟危坐,气宇轩昂,毫不所动。审判官又想以亲情为突破口,劝夏明翰"弃暗投明"。夏明翰大义凛然地说道:"为共产主义事业奋斗终生,我已不是三思而行,而是一直意志坚定。共产党人爱国家,爱民族,爱劳苦大众,当然也爱自己的亲人,爱妻子儿女。但是,为拯救百姓于水火,为振兴民族之强盛,为后代生活之美满。我们随时准备牺牲自己的生命,这就是共产党人的大仁大义。"

审判官毫无所获,悻悻离去。随之而来就是似乎永无止境的严刑拷打。在武汉昏暗潮湿的牢房里,忍受着敌人的残酷折磨,压抑着对亲人的切切思念,憧憬着革命胜利的美好未来,夏明翰忍着剧痛,拖着手铐脚镣,写下了最后三封信。

第一封信是写给他母亲的:"你用慈母的心抚育了我的童年,你用优秀古典诗词开拓了我的心田。爷爷骂我、关我,反动派又将我百般折磨。亲爱的妈妈,你和他们从来是格格不入的。你只教儿为民除害、为国除奸。在我和弟弟妹妹投身革命的关键时刻,你给了我们精神上的关心,物质上的支持。亲爱的妈妈,别难过,别呜咽,别让子规啼血蒙了眼,别用泪水送儿别人间。儿女不见妈妈两鬓白,但相信你会看到我们举过的红旗飘扬在祖国的蓝天!"

明翰就义诗(郭沫若书)

夏明翰的第二封信是写给他的夫人郑家钧的。他深情地劝慰、鼓励妻子:"亲爱的夫人钧:同志们曾说世上唯有家钧好,今日里才觉得你是巾帼贤。我一生无愁无泪无私念,你切莫悲悲凄凄泪涟涟。张眼望,这人世,几家夫妻偕老有百年?抛头颅、洒热血,明翰早已视等闲。'各取所需'终有日,革命事业代代传。红珠留得相思念,赤云孤苦望成全,坚持革命继吾志,誓将真理传人寰!"写完此信,夏明翰抑制不住对妻子女儿的强烈爱恋和思念,用嘴唇和着鲜血,在信上留下一个深深的吻印。

夏明翰的第三封信是写给大姐夏明玮和她的两个女儿的。他写道:"大姐为我坐监牢,外甥为我受株连,我们没有罪,我们要斗争,人该怎样做,路该怎样走,要有正确

97

的答案。我一生无遗憾,认定了共产主义这个为人类翻身解放造幸福的真理,就刀山敢上,火海敢闯,甘愿抛头颅,洒热血!"写完三封家书,遍体鳞伤的夏明翰又一次被敌人提审,他知道自己已经来日无多,敌人马上要对自己下毒手了。

"引刀成一快,不负少年头"。夏明翰实践自己誓言的英雄气魄,使刽子手们个个心惊胆寒。夏明翰被五花大绑押出了监狱。一路上,他昂首挺胸,英姿勃发,志如磐石,一路高唱《国际歌》走向刑场。执行官问他有无遗言,他大喝道:"有,给我纸笔来!"接着,他挥笔写下了"砍头不要紧,只要主义真。杀了夏明翰,还有后来人!"的就义诗。写毕,他厉声喝道:"开枪吧!"

夏明翰倒下了,但千千万万个"夏明翰"从血泊中站立了起来……那正气凛然的诗句,被人称作热血谱写的革命战歌,激励了无数后人为之奋斗。

夏明翰故居

# 革命烈士杨靖宇

## 白山黑水间 烈士存英魂

杨靖宇,这个永远不会被世人忘记的名字,正如天安门广场那耸立的人民英雄纪念碑、雍容壮美的华表一样,已成为中华民族爱国主义精神和革命英雄主义精神的象征。他用自己短暂却又辉煌的一生,谱写了一曲为民族解放和国家独立而无私无畏、勇于献身的英雄壮歌。他融国魂、党魂、军魂、民族魂为一体,将自己伟大光辉的形象,永远地刻在了中国人民的心中。

1905 年,杨靖宇出生在河南省确山县一个贫苦的家庭。那时中华民族正处在最危急的时代。杨靖宇一降生,就饱尝了人间的苦难。青年时的杨靖宇就暗自发誓,一定要为拯救国家的危亡献出自己的力量。1919 年,"五四"爱国运动的潮流席卷全国,年仅十四岁的杨靖宇积极投身到了汹涌的革命浪潮之中。他和同学们上街游行、讲演、

杨靖宇半身像

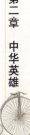

第二章 中华英雄

散发传单并参加抵制日货的活动，很快成为学生运动的积极分子。他曾在自己的作文中写道："……烽火连天，战声交耳……万民感受其荼苦。"语文老师在批改作文时为少年靖宇忧国忧民的思想震惊，劝他以后不要这样锋芒毕露，他却对老师淡然一笑。救国救民的思想早就扎根在了他幼小的心中，为了国家与人民的幸福，他早就将自己的安危置于脑后了！

杨靖宇在开封求学时与同学合影

由于表现优异，1927 年 6 月，杨靖宇光荣地加入了中国共产党。大革命失败后，他组织了确山起义，任农民革命军总指挥。几年间曾多次被捕入狱，在残酷的刑罚之下，坚贞不屈，保持了共产党人应有的气节。

1932 年，由于革命工作的需要，杨靖宇被派往南满。他在东北组建了中国工农红军第三十二军南满游击队，以磐石县红石砬子为根据地从事抗日运动。在组建抗联的同时，杨靖宇按照"不击中敌人要害不打""对当地人民损害大的不打"的原则，采用"敌合我分，敌进我退，乘敌之虚，各个击破"的战术，与日伪军在冰天雪地的长白山麓展开激烈的斗争，很快建立了金川、河里和辽宁老秃顶子山等抗日游击根据地，给了日军沉重的打击，极大地推动了东北地区抗日运动的发展。

另外，杨靖宇还十分注意吸收一些自发的抗日力量。当时东北残留了两只东北军的旧部，一支叫"赵旅"，一支叫"马团"，共计两百余人。他们没有明确的斗争目标，既袭击日军，也时常打击游击部队，游击队因此损失不小。队里很多队员都主张对其进行有力的还击，而杨靖宇却拒绝了。他有自己的一套理由："他们既然反日，说明他们不是汉奸，他们有民族的正义感，只是缺少引导与教育，我们应当充当这个角色。"

有一次，他们被日伪军包围在玻璃河套北的板凳沟，伤亡很大，处境危急。杨靖宇获悉后，决定前去增援，先派人送信，鼓励他们再坚持一下。接着，把游击队组织起

100

来，从背后对敌军发动致命一击。日伪军遭到突然袭击，腹背受敌，急忙逃走，"赵旅""马团"才得以解围。战斗一结束，"赵旅""马团"的领导人纷纷表示以后不再袭击游击队，并追随杨靖宇抗日到底。在后来的多次战斗中，"赵旅""马团"都与南满游击队配合作战，取得了很大的战绩。杨靖宇的部队也由最初的几十人发展到后来的近万人。

抗联势力的不断壮大使日军感到十分恐惧。他们集结重兵对抗联进行"围剿"，并以万元巨款悬赏杨靖宇头颅。1940 年年初的 50 多天里，杨靖宇率抗联战士与日军作战 40 多次。在日军的疯狂"围剿"下，抗联陷入困境，几乎弹尽粮绝。战士们只好以草根、树皮充饥，甚至将衣中棉絮掏出来吞咽。日军曾千方百计诱降，但杨靖宇坚定地表示："为了中华民族的解放事业，头颅不惜抛掉，热血可以喷洒，而意志却是绝不可动摇的。"

1940 年 2 月的一个晚上，杨靖宇率 400 多名抗联战士准备在濛江方向突围。因叛徒的告密，日军很快就发现了他们的行踪，敌人水泄不通地包围了他们所在的林子。为了部队安全转移，杨靖宇决定分散突围，自己率一部分抗联战士牵制日军。经过几次战斗后，杨靖宇不幸负伤并且身边只剩下两名抗联战士。1940 年 2 月 18 日，杨靖宇身边的最后两名警卫战士，在向群众购买粮食和衣服时被叛徒认出，壮烈牺牲。敌人在他们的身上搜出了杨靖宇的印章，更加缩小了对杨靖宇的包围圈。

而此时的杨靖宇已经数日粒米未进，以皮带、棉絮充饥，身体虚弱到了极点。敌人的"讨伐队"围了上来，距离杨靖宇只有几十米，高声呼喊着要他投降，并许诺可以予其高官厚禄。杨靖宇没有应声，躲在树后乘机烧毁了一些党的机密文件，然后沉着地掏出双枪向越来越近的日伪军射击，击毙数名敌人。敌人见劝降无效，就下达了射杀杨将军的命令。杨将军只身双枪面对数百名的日伪军，毫无惧色，他就像战神再世，威武不屈。敌人胆颤了，望着这位视死如归的共产党高级指挥员，他们无论如何也不能理解：

杨靖宇遇难

共产党人难道都不怕死吗？在杨靖宇猛烈的射击下，日伪军不敢靠近，杨靖宇高喊着："最后的胜利是中华民族的！""抗日联军万岁！""中国共产党万岁！"敌人用机枪

第二章　中华英雄

向杨靖宇疯狂扫射。杨靖宇身中数弹倒下了,鲜血染红了雪地。白山黑水间,又添一忠魂。

杨靖宇将军牺牲后,日军根据追踪估算他完全断粮在 5 天以上,他能够在零下 20 摄氏度的荒山野林中坚持下来简直不可思议,于是将遗体送到县医院解剖。当肠胃被切开后,看到的只是草根和棉絮。在场的中国医护人员禁不住流下热泪,日本军官则恨恨地说:"算他是条好汉!"

日军为庆祝所谓的"胜利",将杨靖宇的头颅切下送伪都长春保存,同时又在烈士殉难处破例举行了一个祭奠仪式和对躯体的葬礼,以杨靖宇的顽强不屈训诫部属。长春解放后,药液中的英雄头颅被找到,脸上冻伤的痕迹还清晰可见。

杨靖宇将军牺牲时年仅 35 岁。他光辉战斗的一生,体现了忠贞的爱国思想和革命英雄主义精神。他那惊天地、泣鬼神的斗争业绩,将与山河永存,与日月同辉,世世代代激励中华儿女为祖国的繁荣富强,为民族的独立自尊而奋斗终生。

为人民服务 一死重泰山

共产党员楷模
张思德

或许你曾经留意过，在阅兵式的过程中，有着这样标准的口号——"同志们辛苦了！""为人民服务！"那么，这句口号是从何而来呢？

张思德宣传画

说起来要追溯到1944年9月8日，毛泽东主席参加了一名普通战士的追悼会，他不仅亲笔写了挽词，而且发表了著名的演讲——《为人民服务》。几十年间，"为人民服务"这一光辉的口号同张思德的名字一起响彻了中华大地。这位被领袖追悼的普通战士，就是张思德。

张思德是四川仪陇县人，1915年4月19日出生在一户贫苦的佃农家里，不满周岁时死去了母亲，靠叔母抚养长大。11岁时才读了几个月的书。12岁时就给地主放牛、割草。苦难的生活，磨砺出他坚韧的性格。1933年9月，红四方面军解放了朱德总司令的故乡仪陇县，苦大仇深的张

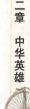

思德第一个报名参加少先队，成为乡里首任少先队长。认真协助红军和民兵站岗放哨，寻查坏人。他积极帮助红军筹粮筹款，受到乡苏维埃的嘉奖。同年 10 月他加入红军，在县独立团二营当通讯员，在瓦子寨战斗中立功一次。

同年冬天他又随部队转战到四川，进入当地列宁小学学习文化和军事，毕业回被调到省军区指挥部政治部当交通员，不久加入共青团。在一次反六路围攻的战斗中，他右腿先后两次负伤强忍剧痛，冲入敌阵，缴获了敌人两挺机枪。他也因为浑身是胆，被战友们誉为"小老虎"。1935 年 5 月，他跟随红四方面军退出川陕根据地，挥师北上开始长征，其间三次经过人迹罕到的雪山、草地，历尽千辛万苦。

1937 年抗日战争爆发，张思德所在部队在开赴前线前留下老弱病残，编成了一个警卫连。张思德因有伤病也被编入警卫连，任副班长，负责云阳镇八路军留守处和荣誉军人学校的警卫。1937 年 10 月，张思德加入了共产党，1938 年春又任班长。1940 年春，张思德调往延安，在中央军委警卫营任通讯班班长。在数年的通讯工作中，兢兢业业，吃苦耐劳，认真负责，完成任务准确无误。

国民党顽固派对边区军民施行军事"围剿"和经济封锁。为解决中央机关冬季取暖问题，他带领一班人到延安以南的土黄沟的深山老林中烧炭。苦战了三个月，经过伐树、打窑、烧火、出窑、捆扎、运输等数道繁重的工序，终于把八万斤烧炭运到了延安。不久，抗日战争进入最艰苦的时期，为克服敌人封锁带来的经济困难，他随警卫营到南泥湾开荒。带领全班战士，克服生活上的许多困难，努力完成上级交给的生产任务。同时，还照常担负通讯工作，白天生产劳动干了一天活，不顾劳累，在夜里又长距离步行送信，完成通讯任务。张思德不仅炭烧得好，编草鞋也是一绝。在红军时期，他用自己攒的布条和麻绳为一个刚从直罗镇战斗中被解放过来的新战士编了一双草鞋，让他感受到人民军队的温暖。部队转战中强行军，很多战士的鞋掉了帮，磨穿了鞋底，只好用绳子绑着走路，在长满蒺藜的崎岖小路上许多人扎烂了脚。张思德就利用行军间歇，用马刀割马蔺草带在身上。晚上宿营后，他顾不上休息一连打了 3 双草鞋，直到拂晓。第二天，他把草鞋送给了三位鞋子最烂的战士。后来很多人从张思德那里学会了用马蔺草打草鞋，保障了部队的行军。

1942 年 10 月，军委警卫营与中央教导大队合编为中央警卫团，领导决定张思德由班长改为战士，张思德愉快地接受了组织安排。他说："当班长是革命工作需要，当战士也是革命工作需要。"他在战争年代参军 11 年，同期入伍的同志有许多已当了团长甚至旅长，张思德身为战士却从不计较职务高低。

抗战期间的延安，冬天要靠烧炭来取暖。当时国民党对边区实行封锁，连马鞍下垫的棉花和饮牲口用的帆布桶也不许输入，边区军民只有依靠自己动手来丰衣足食。张思德所在的中央警卫团一到夏秋季，就要烧木炭以备过冬。这个活又苦又累，张思德却毫无怨言，而且干得非常出色，当地群众烧一窑炭需要 10 天，他只需 7 天就能烧一窑上好的炭。组织上曾三次派他去烧炭：第一次是在荣誉军人学校，他整整干了 3 个月，因工作出色得到留守处一条毛巾和一个笔记本的奖励；第二次是在延安南土黄沟深山；第三次是到延安北部的安塞石峡峪村，一个月就烧了 5 万多斤木炭，超额完成了任务，他自己却再没有回来。

烧炭是个技术活，除了要经过伐树等七八道工序，火候也很重要。张思德为了烧好炭，吃住都在窑边，晚上也要爬上窑顶几次，观察烟色和火候，木炭还没完全冷却，他就冒着高温，用破布包手，站在炭窑的最里边捡木炭。

1944 年夏天，张思德带领 4 个战士到安塞县烧炭。他们完成了任务后，为了多出炭，张思德又参加了突击队，与战友一起开挖了一孔新窑。

9 月 5 日中午时分，窑洞即将挖成突然塌方，张思德奋力把开窑口的战友推出洞去，自己则被砸埋在窑里牺牲、时年 29 岁。

张思德宣传画

1944 年 9 月 8 日，中央直属机关在延安凤凰山脚枣园操场上为他举行了约千人的追悼会，毛主席亲笔写了"向为人民利益而牺牲的张思德同志致敬"的挽词。下午 1 时以后，毛主席迈着沉重的步子走上祭台，做了题目是"为人民服务"的演讲。毛主席深知张思德的经历，所以有感而发。张思德是革命队伍中的普通一兵，在战斗部队打过仗，负过伤，在大生产运动中纺过线、烧过炭；从战士到班长，再从班长到战士，一切从人民利益和党的需要出发，干一行爱一行专一行，其高尚品质十分可贵。想到这些，毛泽东在演讲中激动的说："张思德同志是为人民利益而死的，他的死是比泰山还要重的。""因为我们是为人民服务的，所以，我们如果有缺点，就不怕别人批评指出。""只要我们为人民的利益坚持好的，为人民的利益改正错的，我们这个队伍就一定会兴旺起来。""我们都是来自五湖四海，为了一个共同的革命目标，走到一起来了。我们还要和全国大多数人民走这一条路。""中国人民正在受难，我们有责任解救他

们，我们要努力奋斗。要奋斗就会有牺牲，死人的事是经常发生的。但是我们想到人民的利益，想到大多数人民的痛苦，我们为人民而死，就是死得其所。"这些话，后来传遍了中国的家家户户，成为每个党员和要求进步的同志的座右铭。

毛主席此番讲话正值抗日战争走向胜利的关键阶段，此时阐明党和人民军队的宗旨，对鼓舞群众斗志、促进人民团结有着特殊的意义。从此，"为人民服务"这句话流传开来，既为党和军队指明了方向，也为党和军队赢得了千千万万民众的信任。

张思德铜像

## 小英雄刘胡兰

巾帼不让须眉
有志不在年高

　　"生的伟大，死的光荣"。是毛主席为刘胡兰烈士奋笔疾书写下的题词。年仅 15 岁的刘胡兰，怀着对共产主义的坚定信念，视死如归，从容地躺在敌人的铡刀下，为中国人民的解放事业献出了宝贵的生命。"先烈回眸应笑慰，擎旗自有后来人。"刘胡兰烈士虽然早已把生命献给了共产主义事业，但是她的大无畏英雄气概早已成为中国共产党员为人民的解放事业不屈不挠奋斗终身的象征。

刘胡兰

　　刘胡兰出生在一个农民的家庭，原名刘富兰。父亲刘景谦自耕自种 40 多亩土地，为人勤劳朴实，安分守己。她的母亲体弱多病，在她 4 岁时就去世了。后来，父亲续娶胡文秀为妻。胡文秀将刘富兰名中的"富"字改为自己的姓氏"胡"，让其更名为刘胡兰。

她幼年时，一家人尽管终年勤劳耕织，也只能勉强度日。如逢天灾人祸，常入不敷出，生计维艰。贫困家境的煎熬和磨砺，使她从小就养成了吃苦耐劳的品德和倔强不屈的性格。同时，她也更加向往美好的生活。

1937 年秋，日本侵略军占领了她的家乡，共产党领导的八路军开到了山西前线。中国共产党的地方组织广泛发动和组织群众，对日本侵略军展开英勇顽强的斗争。八路军勇敢抗击日军的举动使云周西村的群众对八路军产生了崇敬和爱戴之情。1938 年 4 月，文水县抗日民主政府成立，在全县实行一系列新政策，维护了广大农民的经济利益，激发了绝大多数老百姓抗日救国的热情。刘胡兰家出粮款的负担减轻了，引水浇地也得到了保障，生活状况有了明显改善。对这一切，刘胡兰看在眼里，记在心上，她觉得：八路军是好人，共产党是为老百姓谋利益的党。

在党领导的抗日斗争中，云周西村涌现了一批抗日积极分子，他们勇敢地配合和支援八路军抗战。刘胡兰的父亲也和村里人结队，数次偷越敌人公路封锁线，爬上西山，为八路军和抗日政府运送公粮和物资。在斗争中，云周西村建立了党支部，领导群众开展对敌斗争，使云周西村成为附近一带村庄的抗日活动中心。在云周西村负责党的地下活动的干部刘芳常常给刘胡兰讲革命英雄的故事和一些简单的革命道理。刘胡兰在这样的熏陶中逐渐成长起来。在她幼小的心灵中就树立了这样的信念：八路军英勇抗战，共产党救国救民。她立志要像英雄那样做人。

刘胡兰雕塑

在共产党的领导下，文水县抗日民主政府在云周西村办了抗日小学。1939 年春，7 岁的刘胡兰上学了。在学校里，她学习得特别认真，除了学习文化，还懂得了许多革命道理。平常，她特别爱听老师和大人们谈论打鬼子的故事，她很想能像大人们一样去打鬼子。

1942 年，10 岁的刘胡兰加入了抗日救国儿童团。她忠于职守，认真站岗、放哨、查路条，像大人们那样发传单、送情报，还按照上级组织的安排，参加监视汉奸地主的活动，协助八路军侦察敌情，掩护抗日政府的干部过境等。小小年纪，就为抗日事业做了许多力所能及的工作。1945 年 10 月，刘胡兰参加了中共文水县委举办的"妇女干部训练班"。学习了一个多月，回村后她担任了村妇女救国会秘书。1946 年 5 月，刘胡兰调任第五区"抗联"妇女干事；6 月，刘胡兰被吸收为中共预备党员，并被调回云周西村领导当地的土改运动。

1946 年秋天，国民党军队大举进攻陕甘宁边区，住文水一带的八路军调往晋西作战，阎锡山趁机扫荡晋中平川，形势恶化。为了保存革命力量，减少不必要的牺牲，中共文水县委根据上级指示，决定留少数干部组织"武工队"，坚持敌后斗争，大批干部转移上山，刘胡兰也接到上山的通知。但经过锻炼逐渐成熟起来的刘胡兰，想到自己年龄小易于隐蔽，敌后工作更需要她，请求留下来坚持斗争，上级批准了她的请求。在艰苦的环境里，她深入敌区，收集情报，发动群众，开展斗争。经常出入"青纱帐"，隐匿"古墓穴"；配合"武工队"打击敌人，协助"武工队"镇压了云周西村罪大恶极的反动村长石佩怀。阎锡山匪军恼羞成怒，决定实施报复行动。

1947 年 1 月 12 日，阎军突然袭击云周西村，刘胡兰因叛徒告密而被捕。她镇静地把奶奶给的银戒指、八路军连长送的手绢和作为入党信物的万金油盒这三件宝贵的纪念品交给继母后，被气势汹汹的敌人带走。在一座临时充当审讯室的破庙里面，军官张大胡子百般威胁利诱，要刘胡兰说出地下党组织情况并答应不再为共产党干事，但刘胡兰坚定地说："就是给我一座金山，我也不会自白！"敌人用死来恐吓她，她坚决地说："怕死不当共产党！"张大胡子恼羞成怒，在刘胡兰面前将六名村干部用铡刀铡死，妄图使刘胡兰屈服。

刘胡兰就义时的宣传画

面对战友的尸体，刘胡兰压抑着满腔的怒火，转头看着得意扬扬的军官，轻蔑的

问："我咋个死法?"色厉内荏的军官惊讶地看着这个年轻的女孩子,颤抖着说:"和他们一样……"只见刘胡兰从容坚定地向铡刀走去。

铡刀前,刘胡兰止步回首,泰然自若地告别了父母,告别了养育她的家乡土地和勤苦勇敢的乡亲们。"永别了,乡亲们,战斗吧,同志们,敌人的末日不远了,胜利一定是我们的。"她鄙视了一眼垂死挣扎的敌人,甩了甩披在脸上的短发;仰望翻滚的乌云,环顾万里江山…… 她坚信,黑夜即将过去,祖国的明天将阳光灿烂。就在生命的最后一息,年轻的女英雄刘胡兰高呼:"中国共产党万岁!毛主席万岁!"从容坦然地躺在刀座上……刘胡兰烈士牺牲时,尚未满 15 周岁。

1947 年 2 月,山西《晋绥日报》连续两天刊登的消息,使一个女共产党员的名字在华北大地不胫而走。随后,毛泽东又为她亲笔题词:"生的伟大,死的光荣!"

刘胡兰牺牲半年后,1947 年 8 月 1 日中共晋绥分局决定破格(通常年满 18 岁方可转正)追认刘胡兰为中国共产党正式党员。

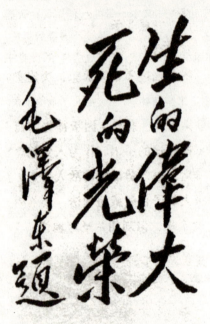

毛主席为刘胡兰题词

110

# 战斗英雄董存瑞

## 舍身炸碉堡 英雄永不朽

1929 年 10 月 15 日（农历九月十三日），董存瑞出生于河北省怀来县南山堡村一个贫苦农民家庭。董存瑞有 3 个姐姐，排行老四，父母叫他"四蛋子"。董存瑞的父亲董全忠是个纯朴、敦厚的农民，租种了地主刘有祥的几亩山坡地。全家老小终年累月苦干，还吃不饱肚子。由于家里很穷，董存瑞上不起学，6 岁就放羊，7 岁就和大人一起下地干庄稼活。春天，他冒着风沙往地里背粪；夏天，他顶着烈日跟姐姐下地间苗、薅草；秋收的时候，他跟着母亲拾谷穗、拣柴火；入冬后，他常常扛上小扁担，跟着父亲上山去砍柴、割荆条，回来编筐编篓。

董存瑞

董存瑞当过儿童团长，13 岁时，曾机智地掩护区委书记躲过侵华日军的追捕，被誉为"抗日小英雄"。旧中国的农村盛行早婚，十

111

第二章 中华英雄

四五的孩子成家司空见惯。董存瑞的妻子叫卢长岭,是邻村人。那时,董存瑞参加了民兵基干队,卢长岭也懂得打日本鬼子闹翻身求解放的道理,积极支持丈夫的革命活动。董存瑞和民兵去破坏敌人的交通干线和通讯线路,妻子还帮他出主意、找工具。董存瑞婚后第二年,抗日战争大反攻的时刻到了。16 岁的董存瑞下决心参加八路军,妻子含泪点了头。一个月后,董存瑞随排长执行任务顺便回过一趟家,也没顾上和妻子说说心里话便又分了手。这一去,竟是二人的永别!

董存瑞刚参军时,穿着大襟土布上衣和黑粗布裤子,扎着裤脚,头戴一顶棕色毡帽。他个子不高,胖乎乎的,但很精悍。眼睛不大,单眼皮,颧骨凸出,蒜头鼻子,厚嘴唇。说话总是笑,露出虎牙和酒窝,走起路来总是急火火的。董存瑞是个左撇子,小时候在家砍柴割草,都是用左手。参军后也是用左手掷手榴弹,在英勇牺牲的那一刻,他也是用左手托起的炸药包。

很快,表现突出的董存瑞当上了班长,又光荣地加入中国共产党。他军事技术过硬,作战机智勇敢,在一次战斗中只身俘敌 10 余人。先后立大功 3 次、小功 4 次,获 3枚"勇敢奖章"、1 枚"毛泽东奖章"。他所领导的班获"董存瑞练兵模范班"称号。

112

1948 年 5 月 25 日,我军攻打隆化城的战斗打响。隆化是承德的屏障,国民党军在这里驻有一个团的兵力,周围筑有 40 多个永久性碉堡,各碉堡群之间都有火力联系,构成交叉火网。这些工事与隆化城依托的苔山、龙头山的有利地形结合起来,就形成了相当坚固的防御体系。因此,国民党认为隆化"固若金汤"。当解放军包围隆化之后,国民党军十三军军长石觉还在承德吹嘘:"共军能打下隆化,我就把承德白送给他们。"部队开始了紧张的战前准备工作。在战前动员大会上,董存瑞第一个站起来表示决心,他激动地说:"党把最光荣的任务交给我们了,天塌了也得完成!坚决响应党的号召,打倒蒋介石,解放全中国!在这次战斗中,我负伤不下火线,牺牲了当个掩体,死也要把隆化拿下来!"

天还没亮,阵地上一片寂静。战士们焦急地等待着总攻的信号。随着三颗红色信号弹腾空而起,我军强大的炮火,把苔山上的敌人火力全给压住了。在硝烟弥漫、烈火滚滚中,苔山顶峰的砖塔,被我军的大炮轰倒了,炮楼也被打掉了,不一会儿,胜利的红旗就插上了苔山的顶峰,命令下达,董存瑞所在的六连担任主攻。董存瑞不负众望,带领爆破组连续爆破了敌人 4 个炮楼、5 个碉堡,胜利地完成了扫清隆化中学外围工事的任务。

第二次总攻开始,部队发起冲锋。突然,敌人的机枪像暴雨般横扫过来,把战士们压在一条土坡下面,抬不起头来。原来,这是隆化中学东北角横跨旱河的一座桥上喷出来的六条火舌。狡猾的敌人,在桥上修了一个伪装得十分巧妙的暗堡,拦住了我军冲锋的道路。这时,董存瑞和战友们纷纷请战,要求把这座桥头堡炸掉。连长派出三名爆破手去爆破,谁想到他们刚冲出不远,炸药包就被敌人的枪弹打中,他们一死二伤。董存瑞看到战友的伤亡,再次挺身请战。正在这时,团部来了紧急命令,要迅速解决战斗。连长终于同意了董存瑞的要求。董存瑞激动的说:"放心吧,不完成任务就不回来!"

董存瑞挟起炸药包,弯着腰冲了出去。在战友的火力掩护下,他一会儿匍匐前进,一会儿又借着手榴弹的烟雾,站起来一阵猛跑。桥头堡里,敌人的机枪越打越紧,子弹带着尖利的啸声,从他的耳边掠过。董存瑞沉着机智,他忽左忽右地爬着。敌人的机枪打紧了,他就伏下不动。敌人的机枪稍一停,他就飞也似的向前跃进几米。敌人的机枪又慌忙朝他打过来,突然,董存瑞扑倒了,他的腿受了伤,鲜血直流。他抱着炸药包迅速猛冲到桥下。这桥离地面有一人多高,两旁是砖石砌的,没沟、没棱,哪儿也没有安放炸药包的地方。如果把炸药包放在河床上,又炸不着暗堡,河床上又找不到任何东西代替火药支架。怎么办?偏偏此时,身后响起了嘹亮的冲锋号声,原来是总攻的时间到了。惊天动地的喊杀声由远而近,威震敌胆。大批的后续部队潮水般涌了上来。就在这个时候,桥头堡上的砖头一块块被推开了,子弹像急雨一样,"哗哗"地向冲锋部队射去。董存瑞不动了,他抬头看了看桥顶,又扭头向后望了一眼,略微愣了一下,突然身子向左一靠,站在桥中央,左手托起炸药包,紧紧贴住桥头堡,右手猛地一拉导火索。导火索"哧哧"地冒着火花和白烟!董存瑞巍然挺立,纹丝不动,像是一尊雕塑,高声喊道:"为了新中国,冲啊!"突然间,一声巨响,地动山摇。敌人的桥头堡被炸得粉碎。

董存瑞牺牲后,被追认为全国战斗英雄。至今,隆化北郊,仍然长眠着董存瑞的英灵。在苍松翠柏中,矗立着一座雄伟的纪念碑,碑上铭刻着朱德总司令的题词:"舍身为国,永垂不朽!"

## 雷锋

### 伟大的普通士兵

雷锋精神放光芒

甘做革命螺丝钉

在中华历史的星空中,有着无数繁星,那是无数英雄人物留下的丰碑。只要是中国人,就一定不会对"雷锋"这个名字感到陌生。

雷锋

雷锋是一位伟大的共产主义战士,是我国社会主义时期一代新人的光辉典范。雷锋在其短暂而光辉的一生中所体现出来的爱国、爱党、爱社会主义的坚定信念,刻苦钻研科学理论的钉子精神,全心全意为人民服务的崇高品质,助人为乐、无私奉献的高尚情操,艰苦奋斗、忘我工作的优良作风,给我们留下了宝贵的精神财富,产生了广泛而深远的影响。雷锋精神是中华民族传统美德与时代精神的完美结合。

雷锋平凡而伟大的一生,"雷锋"这个名字及其所代表的高尚精神内涵,始终在我们心中存在着、闪光着、影响一代又一代的人。

　　雷锋,原名雷正兴,1940 年出生在湖南省简家塘(今属望城)的一个贫苦农家。父亲在湖南农民运动中当过自卫队长,后遭国民党和日寇毒打致死。母亲张元满在受到地主的凌辱后,于 1947 年中秋之夜悬梁自尽。

　　雷锋在不满七岁时就成了孤儿。本家的六叔奶奶收养了他。他为了帮助六叔奶奶家,常常上山砍柴,可是,当地的柴山都被有钱人家霸占了,不许穷人去砍。雷锋有一天到蛇形山砍柴,被徐家地主婆看见了,这个地主婆指着雷锋破口大骂,并抢走了柴刀,雷锋哭喊着要夺回砍柴刀,那地主婆竟举起刀在雷锋的左手背上边连砍三刀,鲜血顺着手指滴落在山路上,这件事情让雷锋幼小的心灵对黑暗社会充满仇恨。

　　早在湖南解放时,小雷锋便找到路过的解放军连长要求当兵。因为年龄原因,连长拒绝了他的要求,但把一支钢笔送给了他。1950 年,雷锋终于当上了儿童团团长。加入共青团以后,他又来到条件艰苦的弓长岭焦化厂参加基础建设,曾带领伙伴们冒雨奋战保住了 7200 袋水泥使其免受损失,当时的《辽阳日报》报道了这一事迹。在鞍山和焦化厂工作期间,他曾 3 次被评为先进工作者,5 次被评为标兵,18 次被评为红旗手,并荣获"青年社会主义建设积极分子"的光荣称号。

　　1960 年征兵开始后,雷锋迫切地表示了自己希望进入革命部队的愿望。他身高只有 1.54 米,体重不足 55 公斤,均不符合征兵条件,但因政治素质过硬和有经验技术,最后被破例批准入伍。

　　雷锋入伍后,他被编入工程兵某部运输连四班当汽车兵。1960 年 11 月,他加入了中国共产党。他入伍后表现突出,沈阳军区《前线报》开辟了"向雷锋学习"的专栏。在不到三年的时间里,他荣立二等功一次、三等功三次,被评为节约标兵,荣获"模范共青团员",出席过沈阳部队共青团代表会议。

　　雷锋被人们称为共产主义战士,是因为他有着高尚的理想、信念、道德和情操;他的价值,在于他把自己火热的青春全部献给了党,献给了人民。他常说:"革命需要我去烧木炭,我就去做张思德;革命需要我去堵枪眼,我就去做黄继光。"他干一行爱一行,入伍时由于身

雷锋

小臂力弱,投手榴弹不合格。他天不亮就悄悄地出去练习,终于在考核中取得优秀成绩。

　　雷锋成了英模之后有些人不服气。卸车时,有人指着装满200斤高粱米的麻袋让他扛。当时身材瘦小的雷锋难免心里很不好受,事后却心平气和地说:"我虽然扛不动200斤的麻袋,但我能干好能干的工作,并且比别人干得更出色。"正是这种平凡而又伟大的精神,让许许多多的人为之感动。

和雷锋在一起

　　有关雷锋做好事的故事多少年来脍炙人口,他的名字成了做好事的象征。有一次,雷锋因腹疼到团部卫生连开了些药回来,见本溪路小学的大楼正施工,便推起一辆小车帮着运砖。当市二建公司敲锣打鼓送来感谢信时,部队领导才知道这件好事。雷锋是孤儿又是单身汉,在工厂有工资,入伍时有200元的积蓄。后来,他把100元钱捐献给了公社,辽阳地区遭受水灾时,他又将另外100元钱寄给了辽阳市委。雷锋入伍当年每月只有6元钱的津贴,可是雷锋将自己的津贴全都用于做好事,节衣缩食,连袜子都是补了又补,平时更是舍不得喝一瓶汽水。

　　从1961年开始,雷锋经常应邀去外地做报告,群众中流传着这样一句话:"雷锋出差一千里,好事做了一火车。"一次,雷锋外出换车发现一个背着小孩的中年妇女车票和钱丢了,就用自己的津贴费买了一张去吉林的火车票塞到大嫂手里。这样的事情不胜枚举。

在部队里,雷锋对待同志像春天般温暖,帮助同班战友乔安山认字、学算术;为小周病重的父亲写信寄钱;为小韩缝补棉裤。每逢年节,雷锋想到服务和运输部门最忙,便叫上同班战友直奔附近的瓢儿屯火车站,帮着打扫候车室,给旅客倒水。孩子们学雷锋做好事,曾受到一些人在背后非议。不少同学不解,问雷锋为什么做好事这么难。雷锋朴实地说:"做好事就不要计较别人说什么,只要对人民有益,就应该坚持做下去。"

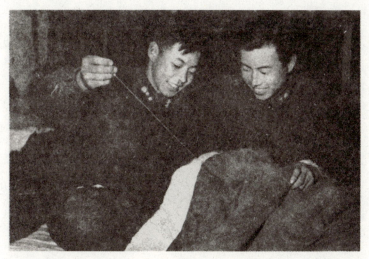

对待战友像春天般温暖

《雷锋日记》当年曾印刷过数千万本,里面的许多警句教育了全国几代人。一个只有小学文化的苦孩子能有这样的思想和文字水平,关键在于他多年刻苦学习。在湖南团山湖农场时,雷锋学习写诗;在鞍钢时,他努力学习毛泽东著作。在部队里,他是汽车兵,平时很难抽出时间。于是,雷锋就把书装在随身的挎包里,只要车一停,他就坐在驾驶室里看书。《钢铁是怎样炼成的》一书主人公保尔的话,他都能背出来。他曾说过:"钉子有两个长处:一个是挤劲,一个是钻劲。我们在学习上也要提倡这种'钉子精神'。"除了政治学习外,他还积极钻研驾驶技术。部队缺少教练车,他带领大家做了一个汽车驾驶台,并被大家一致推举为技术学习小组长。

雷锋在沈阳军区是模范人物,照片、日记和模范事迹经常出现在报纸、电台等媒体上。在荣誉面前,他始终谦虚谨慎。他曾在日记中写道:"我的一切都是党给的,光荣应该归于党,归于热情帮助我的同志,至于我个人做的工作,那是太少了……"

1962 年 8 月 15 日上午 8 点多钟,雷锋和助手乔安山驾车从工地回到连队车场,不顾长途行车的疲劳立即去洗车。在指挥战友乔安山倒车转弯的过程中，被一根木杆击中右太阳穴，昏倒在地。战友们立即用担架把他送到医院抢救，但颅骨损伤，脑颅出血，导致脑机能障碍，年仅 22 岁的雷锋结束了自己短暂而光荣的一生。

老一辈革命家董必武于一九六三年二月做诗歌颂雷锋：有众读毛选，雷锋特认真。不惟明字句，而且得精神。阶级观清楚，劳动念朴纯。螺丝钉不锈，历史色常新。只做平凡事，皆成巨丽珍。

# 海外英雄

第三章

英雄，是人类社会进步的催化剂。社会的发展，离不开英雄之力。千百年来，中华大地上涌现出一大批仁人志士、得道明君，他们为中华民族的腾飞贡献了自己的一份力量。而在广阔的海外，也有很多的英雄人物青史留名。他们或领导了民族的独立，或捍卫了祖国的领土，在自己的岗位上做出了不凡的成绩。而对于这些人，我们能做的，就是传颂他们的功绩，继承他们的遗志，捍卫他们的尊严。

## 征服者
## 亚历山大大帝

戎马十余载 英年成霸业

翻开世界地图，当你的目光瞥过希腊的时候，你可曾想到，在两千多年前这里曾孕育着一位伟人。他手执宝剑，身披坚甲，在短短的十年之间建立起一个横跨亚、非、欧三洲的大帝国，辽阔的地中海成了他辖区之中的内海。这位伟人就是亚历山大大帝。

亚历山大出生于希腊北部的马其顿帝国。马其顿原本只是一个贫困落后的小城邦，到了亚历山大的父亲腓力二世的手中才逐渐强盛起来。

亚历山大出身王室，从小就展现出他聪明勇敢的一面。在他 12 岁时，异邦进贡来一匹烈马，这匹马骨架宽大，蹄掌厚实，毛发油黑，一看就知道是万里挑一的好马。可是性情却十分暴躁，很多骑手都无法驯服它，甚至被它摔伤、

亚历山大大帝驯服烈马

踏伤。年轻的亚历山大却成功地征服了这匹名为布赛法鲁斯的悍马，其父腓力二世在旁不禁感叹道："我的孩子啊，去征服属于你的

121

第三章 海外英雄

无尽的领土吧,马其顿对你来说实在太小了!"13 岁时,他拜著名学者亚里士多德为师,这位博学多才的先生,在哲学、医学、科学等方面都对亚历山大有着重要的影响。小亚历山大最喜欢的书是《伊利亚特》,这本书他从不离身,因为他崇拜英雄阿喀琉斯,一心想要效仿他,建立丰功伟绩。

公元前 336 年,腓力二世在参加女儿的婚礼时被刺身亡,年仅 20 岁的亚历山大子承父业,加冕称帝。这时,原本被腓力二世征服的一些部落以为这是个脱离马其顿帝国统治的天赐良机,纷纷起兵叛乱,国内局势一片混乱。亚历山大从容冷静地制定了应对方针。在叛乱的区域中,底比斯是名气最大的城邦,也是搞分裂活动最为猖獗的一个城邦。他决定杀一儆百,拿底比斯城先开刀。俗话说"兵贵神速",当亚历山大声势浩大的军队不动声色地出现在底比斯城下,不宣而战时,底比斯人惊呆了,军心大乱,毫无抵抗能力。底比斯城迅速被攻陷,这座古城由亚历山大亲手将其变为废墟。城中居民,除了少数曾赞助过马其顿帝国或对马其顿军队表示友好的人外,全部被变卖为奴。底比斯城从此消失。

这次行动取得了空前的成功,叛乱的各邦国看到新继位的帝王更加英明神武、英勇善战,都重新归顺马其顿帝国,并承认亚历山大的统治地位。于是,亚历山大平定了内忧,开始把目光放在了东面辽阔的土地上,那里有他取之不尽的财富,他开始着手组织远征。而正是这次东征,为他建立横跨三洲的大帝国初步奠定了基础。

公元前 334 年,亚历山大带领着 35000 人的精锐部队出发了,他们争霸道路上的第一个对手是波斯。这个曾经盛极一时的帝国在大流士三世的统治之下已经日渐衰落。这里将是年轻的亚历山大大展宏图的开始。

战争刚开始的时候,形势对亚历山大并不十分有利,因为马其顿军队的军需品大多是由海上运来的,而波斯强大的海军起到了压制作用,封锁了海面。在海军方面,双方的实力并不在同一水平线上,波斯更胜一筹。亚历山大并没有与波斯海军硬碰,而是率领骑兵攻占了附近的所有港

亚历山大雕塑

口,使得波斯军舰无法靠岸。这样一来,不仅得到了当地充足的军需资源,还把波斯的海军优势打压下去,一举两得。在后援无患的情况下,亚历山大放手一搏,率领军队在西里西亚东部歼敌 16 万,己方仅损失 5000 人。大流士三世遣使请和,表示愿意

将半数领土双手奉上。接见使节的时候，马其顿大将帕门农听到请和的条件后，表态说："如果我是亚历山大，我就会接受的。"亚历山大则拒绝了请和："我不是帕门农，我是亚历山大。"

接着，亚历山大挥师南下，协同海军，经过7个月的艰苦战斗，于公元前332年攻克了腓尼基滨海要塞提尔、加沙，彻底摧毁了波斯海军基地。波斯的大部分领土已经尽在亚历山大的掌握之中。这时，他没有急于攻克波斯全境，而是转战到了埃及。经过两个月的围攻，未动一刀一枪，埃及不战而降。亚历山大借着在埃及停留的几个月，调整了军队的部署，休整了长期征战的疲惫的军队，使之恢复了强大的战斗力。其间，埃及法老为亚历山大加冕，封其为"法老"。亚历山大自称是太阳神之子，是神派来人间拯救人类的。他还亲自勘察，在尼罗河口处建立亚历山大城。他要自己像天地一样永存于世间，让千年后

亚历山大大帝

的人们依然能够想见他的英武，而事实上，他做到了。

经过短暂的休整，马其顿的雄狮们恢复了往日的威猛，他们在亚历山大的带领之下，重返波斯，打算与波斯帝国一争高下。而此时的大流士三世也集结了重兵，准备在高加米拉平原与亚历山大决战。双方力量对比悬殊。波斯方面出动了步兵100万、骑兵4万、战车200辆和战象15头，而亚历山大麾下不过4万步兵，1万骑兵。应该说，波斯方面具有绝对优势，但亚历山大巧用智谋，奇迹般地战胜了这位波斯皇帝。值得一提的是，两军对垒，当仅有不到5万军队的亚历山大命令他的士兵开始休息、养精蓄锐以准备明日之战时，手握百万大军的大流士三世却因害怕而睡不着觉，同时传令士兵为防敌人夜袭，夜间不准休息。波斯士兵因为一夜的困倦，个个无精打采，全无斗志。在第二天的决战之中，自然不堪一击。而亚历山大则熟练地运用"马其顿方阵"，瓦解了波斯的强势兵力，己方仅伤亡数百人，在原本十分不利的条件下给了波斯军队毁灭性的打击，占领了波斯全境。

之后，亚历山大又东征巴克特里亚、阿富汗、印度，均取得全胜，建立起一个横跨三洲、地域辽阔的军事帝国。他的一生都在征战中度过，自从21岁离开希腊，至死未归。公元前323年，亚历山大身染恶性疟疾，不治而亡，终年33岁。

　　亚历山大并无子嗣,在他死后的几个小时,他的部下就为争夺皇位而发动战争,一个短暂的帝国迅速地灭亡了。

　　这位永远的帝王,在短短 13 年时间里,建立了庞大的帝国,为东西方文化、经济的交流构筑了一座桥梁;他为中世纪欧洲的版图奠定了初步的基础,中世纪欧洲的政治格局也随之确定;他建立的亚历山大城不久便成为埃及著名的文化、经济中心,也是地中海著名的港口;他真的做到了与日月同辉,与天地共存;他东西征战十余年,未尝败绩。这样的一位战神,一位目光远大的政治家和军事家,在千年之后的今天,依然为人们所津津乐道。

少女为国浴血沙场
上帝之音铸其辉煌
**圣女贞德**

翻开历史的卷轴，里面不仅记载了一些帝王将军的丰功伟绩，而且还有一些不让须眉的巾帼英雄。与众多的男性相比，英勇果敢的贞德也毫不逊色。500多年前，这位平凡纤弱的女子，凭着自己对祖国的执着与热爱，用自己的双手，挽救了濒临危亡的法兰西帝国，帮助法兰西帝国的子民摆脱了百年战争。

岩画中的贞德

1412年，贞德出生在法国南部的一个小村庄里。年幼的贞德是个虔诚的天主教徒，喜欢念经祈祷，常常为圣堂采摘鲜花，照顾病人。父亲终日在田里辛勤劳作，母亲在家织布打理家务，丰衣足食，一家人其乐融融。可是，好景不长。为了法国的王位之争，英军大举入侵法国，很快占领了法国的大部分领土，贞德的家园也被霸占了。在这些被占领的土地上，英国人奸杀掳掠，无恶不作，整个法兰西陷入一片混乱与恐慌之中。而在战场上，法国军队节节败退，各大城市纷纷陷落。法国的新王查理七世（尚未加冕）

见大势已去,终日沉迷酒色,不问政事,收复失地遥遥无期。

就在法兰西人民饱受苦难时,贞德站了出来。她打算以一己之力,赶走侵略者,恢复往日幸福的生活。可是这时的贞德,不过是一个无知的女孩。如何让大家信服她并重新恢复战斗的勇气呢?这个虔诚的教徒马上就想到了上帝。她对别人说她是上天派来的使者,一个奇怪的声音不断地在她的耳边回响,指示着她如何打败侵略者,恢复往日法兰西帝国的宁静与安详。

一个神秘的声音常在
贞德的身边响起

1429年初,英军围困了法国最后的堡垒奥尔良城。这里是法国南北交通的"心脏",一旦陷入敌手,南北方就可能失去联系,在孤立无援的情况下南方很有可能全部沦陷。消息传来,17岁的贞德觉得自己为祖国献身的时刻已经到了。她开始宣扬她的思想,用"上帝"的名义号召人

民起来反抗。"一个声音在冥冥之中指引着我,告诉我未来将发生的事情,英国侵略者终将失败。"此时的法国人民,备受英军欺侮,当得知救世主即将来临,无不欢呼雀跃。贞德住所附近的村落自愿组成民兵,在她的带领下,取得了对英军的一系列的胜利。这里,在英军的眼中,成了前进路上一个非常坚固的堡垒。

由于贞德出色的战绩,查理七世亲自接见了她,并为她坚不可摧的意志所深深感动,拨给她一支三千人的军队去解救困境中的奥尔良城。

出发前,国王为她赶制了一面大旗,上面写着"耶稣、玛利亚"两个圣名,下面绘着耶稣的圣容。士兵们看到这面大旗,觉得上帝就在身旁,会保佑他们百战百胜。而贞德也正是拿着这面大旗冲锋陷阵,杀敌无数的。在战场上,常常可以看到一位英勇的女将,勇敢地冲在队伍的最前面,左手举旗,右手执剑与敌人奋力拼杀。士兵们为她的勇气所感染,旗到哪里,法军士兵们就赶到哪里,与敌人决一死战。经过无数大小的战役,贞德终于率军打败了围困奥尔良城的英军。当她的军队站在奥尔良城下时,新的问题出现了。奥尔良城的守军无论如何也不相信一介女流居然打败了强大的英军,他们认为她是女巫,或是英军派来的奸细,拒不开放城门。贞德对这一切并没有辩解,她回头看见远方还有英军的残部,立即驱马直奔过去,斩杀了几个逃兵,但也为此身负重伤。守城的法军看到这一切,再也不敢怀疑这位巾帼英雄,大开城门,为其洗尘。

奥尔良城的胜利扭转了整个战局，法国军人士气大振，在贞德的带领下，一鼓作气收复了大半的失地。这时候，查理七世在兰斯大教堂举行了加冕礼，正式称帝。刚刚登基的查理七世十分欣赏这位骁勇的女将，将国家的军事大权交付于她，这引起了其他将军的极大不满。一位出身贫民的女子，竟能得到国王的如此厚爱，将国家军政托付于她，怎能不引人嫉妒！于是一些权臣对贞德产生了谋害之心。

作战勇敢的贞德

1430 年，在康边城附近的一场战斗中，贞德的部队遭遇强势敌人，需要回城休整时，被城内的贵族拒绝。他们将她关在城外，她被出卖给了英国人。

这时的查理，不务政事，终日沉迷于酒色欢愉。他对贞德的被俘，一点都不在意，也没有想办法营救。贞德在英军的狱中，受尽严刑拷打，始终坚贞不屈。由于战犯不得判刑，他们便指控贞德使用巫术，妖言惑众。法庭上，法官一直在追问"神秘的声音"到底为何，就是为了确定贞德女巫的罪名。而贞德则利用自己的聪明才智，与伪法官及审判团周旋。可以想见，一个目不识丁的姑娘，在敌人的法庭上，舌战群雄，把法官反驳得哑口无言是何等壮观的场面。

最终，贞德仍然以宣扬异端邪说、从事巫术

贞德指挥军队

活动的罪名被判火刑,1431 年 5 月 30 日凌晨,这位无畏的勇士,在熊熊的烈火之中,口中默念耶稣的名字,羽化登仙,飞升天国。

在场的人们看着这位还不满 20 岁的少女遭到如此酷刑,无不落泪。贞德走了,就等于法兰西的希望再度破灭了,人们又将回到以往暗无天日的岁月中。对待这位战士的死,敌方政要也有过相同的表态:"出大乱子了,我们杀了一位圣女。"

贞德的死并非全无意义,法兰西人民陷入了极大的悲痛之中,但很快又化悲痛为力量,在战场上越战越勇,最终取得了对英国的胜利。1453 年,英国在波尔多投降,长达 116 年的战争终于告一段落,贞德的梦想也最终实现,她可以安息了。

1920 年,被强加在贞德头上的女巫的罪名终于被除去。梵蒂冈教廷为这位美丽纯洁的少女平反,册封其为"圣女",清洗了近 500 年的冤屈。

时至今日,贞德的雕像在法国随处可见。这正说明了几个世纪过去了,人们仍然没有忘记这位"圣女"。在法兰西帝国的史册上,这位"花木兰"式的巾帼英雄,已经留下了无法磨灭的一笔,任时光飞逝,英名永存。

# 哥白尼

## 『日心说』创始人

### 僧正反教义　日心成主流

　　一位久卧病榻的老人，在弥留之际，依然目露期盼。他在等待他毕生的心血变为铅字，也在等待世人认同他的学说。这时，一本书被递到他的面前。他的目光停留在那精美的封面上时，脸上露出欣慰的表情。他疲惫的身体终于可以休息了，那饱含着泪水的双眼也永远地闭上了。就这样，一位伟大的天文学家与世长辞了。

　　这位老人就是著名的天文学家哥白尼，而他临终前看到的书就是他的名著《天体运行论》。

　　1473 年在波兰维斯瓦河畔的托伦城诞生了一个婴儿，谁也不曾知晓就是这啼哭中的婴孩日后竟引起了一场关于"日心"与"地心"的纷争。年幼的哥白尼并不幸运，十岁丧父，由舅父瓦琴洛德抚养长大，18 岁考入克拉科夫大学。在

哥白尼

校期间,对天文学产生了浓厚的兴趣,并抱定了献身天文学的决心。大学毕业后,哥白尼遵从舅父的意志,在弗龙堡大教堂做了一名僧正。由于僧正的工作较为轻松,哥白尼有着大量的时间从事他所喜爱的天文研究。他在教堂附近的箭楼上修建了一个简易的天文台,架设了自制的天文望远镜,进行天文观测。每晚在这里,人们都可以看到哥白尼勤奋的身影。

这时天文学界占主导地位的是亚里士多德提出的"地心说",这个学说认为地球是静止不动的,有限的宇宙围绕着地球运动,地球是整个宇宙的中心。经过托勒密的进一步考证,"地心说"进一步完善。在中世纪欧洲占据统治地位的教会看中了这一学说,把"地心说"收为己用,大肆篡改。他们宣扬:"地球是上帝创造出来的,因此位于宇宙的中心。而满天繁星则是上帝创造出来用以点缀地球的,上帝是宇宙万物的主宰。"在教会的支持下,"地心说"在欧洲盛行了一千余年,深入人心。"地心说"也逐步成为教会宣传教义的基础。而这一切,直到哥白尼的出现,才有所改变。

哥白尼凭借着对天文学的热情和执着,三十年如一日地进行观察测量,终于有所成就。他根据自己平日里观察的结果,对"地心说"的某些观点提出疑问。比如,他发现托勒密所提出的均轮和本轮的数目竟多达 80 个左右,这显然是不合理的;另外,随着观察的逐步深入,他发现越来越多的天体、星系,宇宙有限说也慢慢地被推翻;最重要的是,越来越多的天文现象已经不能用简单的"地心说"来解释,天文学界需要一种全新的理论来代替"地心说"。于是,"日心说"应运而生。

哥白尼在屋顶上观察星象

1515 年，哥白尼便开始着手准备撰写《天体运行论》，并于 1533 年完成了这部巨著的初稿。之后，他经过长期的观测、验证、修改，他的"日心说"日趋完善，成为一种科学理论。

《天体运行论》的第一部分先是阐述了地球的形状，引用大量的实例说明"大地是球形"的。而球形的特点就是"没有起点，也没有终点，旋转时各部分紧密相连"。是什么造成了地球如此特殊的形状呢？正是运动。"而且球体形状也正是旋转作用本身造成的"，由此推翻了地球静止不动的观点，为"日心说"的提出打下了基础。

另外，哥白尼使用简明的几何图像和数学关系来表示宇宙的结构和天体的运动规律，书中的各个部分都附有他的宇宙模型图纸。这一张张我们今天看似简单的图纸，在当时却是人类认识宇宙的一次巨大的飞跃。

在《天体运行论》中哥白尼还详细讲解了四季交替、行星运动及金星、水星的纬度偏离和轨道平面的倾角等以前"地心说"无法解释的问题，实际上这些都是地球运动的有力证据。哥白尼通过对这些问题的论证，进一步否定了"地心说"，证明了"日心说"的正确性。《天体运行论》的诞生还使人们更加了解太阳系内天体的位置和运行状况。

就是这样一本天文学巨著，它的出版却经历了漫长曲折的道路。

由于"日心说"否定了教会支持的"地心说"，动摇了教会的理论基础，因此在《天体运行论》完成后，哥白尼却对它的出版反而

"日心说"创始人哥白尼

犹豫不决了。他担心这部书出版后会遭受到坚持"地心说"的顽固派的攻击，并受到教廷的压制。但在亲朋好友的支持鼓励下，经过慎重的考虑之后，年逾古稀的哥白尼终于决定出版这部著作。

1543 年 5 月 24 日，已经卧病在床一年多的哥白尼终于见到了《天体运行论》变为铅字，闻着淡淡的墨香，他心满意足地闭上了双眼。

应该说哥白尼的贡献十分巨大，他不仅改变了那个时代人们对宇宙的看法，更从理论的层面上推翻了教会所宣扬的教义，至此"自然科学从基督教的束缚之下解脱出来"。教会的势力已经从科学领域渐渐淡去，取而代之的是科学的飞速发展。

　　哥白尼,这位站在巨人肩膀上的伟大科学家,在黑暗的中世纪,用自己手中的笔和望远镜,为人类描绘出一幅宏伟的宇宙蓝图,而我们就是这幅巨画中的点点繁星,朝升夕落,周而复始。

# 法兰西大帝拿破仑

戎马沙场鲜尝败
颁布法典泽世人

　　人们时常感叹，时间匆匆而过，什么也不曾留下。回首几千年的人类历史，却总有那么一些人，在人们的记忆里永久地占有一席之地。他们，或者为人类的进步献出了生命，或者因为造福自己的臣民而鞠躬尽瘁。

　　在一个欧洲的民意调查中，一个人毫无争议地荣登"对人类影响最大的百人榜"的榜首。这个人叫作拿破仑。

　　拿破仑全名拿破仑·波拿巴，1769 年出生在科西嘉岛的阿亚丘镇，年轻时曾在法国军事院校学习，成绩优异。1785 年毕业时，他年仅 16 岁，就已经开始在军队当少尉，并取得赫赫战功，小有名气。有人说他是军事天才，天才终究不会被埋没，他很快就

拿破仑

有了出人头地的机会。四年后，法国大革命爆发，刚刚成立不久的法国政府卷入了和英国等几个欧洲强国的战争。对于百姓来说，

战争是残酷的,可对于军人来说,这却是一个立功受赏的好机会。拿破仑充分利用自己的军事头脑,从容指挥炮兵团从英军手中收复了军事要地土伦,取得了战争的主动权。为此他被破格升为准将,并被尊为法国的英雄。说起土伦之战,这里还有个鲜为人知的小故事。

土伦依山傍水,多条铁路在此相会,是欧洲重要的军事要地。毫不夸张地说,谁掌握了土伦,谁就拥有了贯通欧洲东西方向的通行证。1793 年,英军在付出了沉重代价之后,终于夺得了这一天然关隘,在此驻守重兵。这时的土伦,易守难攻。法军在土伦吃了败仗以后,决定启用炮兵团对土伦进行猛攻,誓死夺回。这一重任落在了年仅 24 岁的年轻将领拿破仑身上。拿破仑深知此战的艰难,敌人重兵据守要塞,很难攻克,自己的军队又刚打了败仗,士气十分低落,无心再战。目前来看,如何提升士气是最关键的。

拿破仑命令一个炮兵连驻扎在一个十分暴露的地形上,距敌只有几十里,并且没有进攻的意向,只是安静地驻扎在敌人营地对面。对于他的这一做法,很多同僚表示反对,认为这样的兵力部署接近自杀行为,并说士兵是不会服从的。但拿破仑这样做自有道理。他给这个炮兵连送去了一块牌子,上面写着拿破仑的亲笔题词"无畏的炮兵连"。结果整个连队尽管面对敌人炮火,却始终严阵以待。其余的士兵看到这种情况,被他们的精神感动了,纷纷摩拳擦掌,跃跃欲试。土伦很快被拿破仑的部队攻下,战局随之扭转。而拿破仑因为作战英勇,指挥出色,被破格晋升为准将,并于翌年

拿破仑横刀立马翻越阿尔卑斯山

2 月接任意大利军团炮兵指挥。拿破仑的英雄之路从此开始。

1796 年拿破仑率部进军意大利,迫使奥地利求和,粉碎第一次反法联盟。1798 年出任东方军团司令,远征埃及和叙利亚。1799 年 10 月,拿破仑在法国政局动荡,外敌入侵内忧外患的情况下返回巴黎,于 11 月 9 日(雾月十八日)发动政变,成立临时执政府,任第一执政官,稳定住了法国的局势,并赢得了群众的大力支持。

此后,他与反法联盟进行多次战争。1800 年再次远征意大利,在马伦戈之战中击败奥军,粉碎第二次反法联盟。1802 年被元老院宣布为终身执政。1804 年 12 月加

冕为法兰西皇帝,称拿破仑一世,建立法兰西第一帝国。

拿破仑视察雅法鼠疫病院

拿破仑在执政期间,对法国的行政和法律体制进行了重大的改革。他改革了法国的金融结构和司法制度;创办了法兰西大学和法兰西银行;实行了行政方面的中央集权。他所进行的这些改革对法国本身产生了重要的、持久的影响。而此期间,他所颁布的《法国民法典》也成了人们对他赞誉有加的一个砝码。

因为接受过启蒙思想的教育,这部法典的制定,体现了很浓重的革命思想的气息。例如,在法典面前无血统特权,人人平等;提倡自由;赋予人民生来具备的权利与义务。法典把大革命自由平等、自然理性的思想用详细且通俗易懂的形式规定下来,被称为奠定了现代市民社会法律体系的基础。另外法典稳健适度,条理清晰,简洁明了。

拿破仑加冕仪式

法典的颁布,不仅解决了当时法国法律体系混乱的问题,而且随着拿破仑权力的扩张,同样也非常深刻地影响到欧洲大陆其他国家的法律体系。甚至连加拿大、埃及、玻利维亚等国,也都曾以《法国民法典》作为自己立法改革的蓝本。

"战场上的所有胜利都随着滑铁卢一战的失败烟消云散,但人们永远不会忘记我的那部《法国民法典》。"在圣赫勒拿岛上被囚禁

的岁月里,拿破仑对《法国民法典》曾有过如此评论,这并非自恃过高。人们永远纪念战场上不败的英雄,也永远不会忘记英雄留下的遗产。

拿破仑加冕称帝之后,虽然改善了内政外交,一定程度上增强了法国的国力。可是他对权力的欲望也渐渐膨胀起来,十几年间,发动了多次对外战争,胜多负少,但1812 年的入侵俄国之战,却是法兰西帝国走向灭亡的开始。

在撕毁与俄国签订的《提尔西特协议》之后,拿破仑带兵大举入侵俄国。俄国部队基本避免与拿破仑直接的冲突。于是他得以迅速占领了莫斯科。时值九月,已入深秋,拿破仑由于策略上的失误,冬季的衣物与食品准备不足,被困于空城之中。就在这弹尽粮绝的情况下,俄国人又点燃起漫天大火,几乎使全城化为灰烬。拿破仑被困莫斯科五个星期,决定撤军,然而为时已晚。俄国的军队以逸待劳,俄国的冬天残酷无情,法军供给短缺,敌人的围追堵截,加之对地形的不熟悉,这一切立刻使法国士兵恐慌至极,他们乱作一团,相互践踏,结果能活着逃命者还不足一成。

其他欧洲国家认识到现在是它们摆脱法国统治的绝妙时机,共同会师攻打拿破仑。1813 年拿破仑在莱比锡战役中又遭到了一次毁灭性的失败。翌年,他宣告辞职,被放逐到意大利沿海的一个小岛——厄尔巴岛上。

1815 年他用计从厄尔巴岛逃回法国,在法国他颇受欢迎,复辟成功,建立"百日王朝"。欧洲列强立即向其宣战,不久,拿破仑即在滑铁卢遭到了最终的失败。滑铁卢之战后拿破仑被英国人囚禁在南大西洋的一个小岛——圣赫勒拿岛上,1821 年因患癌症在那里死去,终年 52 岁。

凭着他的宝剑和法典,拿破仑成了现代欧洲的先驱者。在众人的敬佩之中,倚仗着对铁与血的执着,他一步步铸造了属于那个时代的辉煌。几百年过去了,历史沉淀了太多的是是非非,但对于英雄的记忆,却永远留在了人们的脑海里。拿破仑这个名字,将永远被载入史册。

## 身残志犹坚　乐坛成伟业

# 音乐巨人贝多芬

当礼堂的灯光已经暗下，雄壮激昂的交响曲渐渐响起，你在倾听这一曲曲天籁之音，得到心灵的净化与升华时，可曾想到，这样美妙动听的旋律的创造者竟是一名失聪的人。正是因为他——这位乐坛巨匠的不懈努力，我们才能够享受如此纯净的精神生活。

他，就是世人皆知的贝多芬，路德维希·凡·贝多芬，因为其顽强的创作精神和高超的音乐造诣而闻名世界。其实，在他的背后，隐藏了很多不为人知的故事。

贝多芬的父亲是一位怀才不遇的宫廷歌手，虽然有着极高的音乐修养却没有得到应该受到的重视。于是整日借酒消愁，并把希望都寄托在年幼的贝多芬身上。小贝多芬4岁便被强制学习小提琴和钢琴，每天长达8小时，寒冬酷暑也不例外。也许因为望子成龙的心情过于迫切，教育方法有些失当。贝多芬的父亲对他常常使用暴力，一个音符弹错了，棒子马上就会

贝多芬

落到小贝多芬的身上。若不是贝多芬天生就对音乐有着执着的信念与爱好,这样的教育很可能就断送了一位音乐巨人的成长之路。

　　贝多芬的音乐才能很快就展现了出来,6岁时便受到大师莫扎特的重视,他预言贝多芬有一天将引起全世界的注意。但不久后莫扎特就因病辞世,二人的师生缘也就此结束,这成为贝多芬人生之中的一大憾事。9岁时,贝多芬投师作曲家聂费。从聂费那里,贝多芬开始接受了系统的音乐教育,而作为贝多芬的启蒙教师,聂费也是倾尽心血,不遗余力地教导贝多芬。聂费孜孜不倦地教诲着,贝多芬的视野渐渐开阔,熟悉了德国古典音乐并沉醉其中。

　　由于家庭的经济压力日益加重,贝多芬不得不自食其力以补贴家用,11岁便在宫中担任聂费老师的助手,并坚持自学古文、新闻学、历史,小有所成。22岁时,他前往音乐之都维也纳,拜著名音乐家海顿为师。此时,法国大革命的风潮已经势不可当,年轻的贝多芬积极投身革命事业之中。但他并非在战场上逞英雄,而是用手中的笔,谱出慷慨激昂的乐章,激励人们为了人权而勇敢斗争。这一时期他的主要作品有《月光》《悲怆》等钢琴奏鸣曲和《第二钢琴协奏曲》等。

贝多芬像

　　天妒英才,就在贝多芬的音乐事业蒸蒸日上、音乐道路一帆风顺之时,他发现自己的听力急剧下降,几乎已经听不到任何的声音。这对于一个乐感至上的职业来说,几乎宣告了它的终结。贝多芬的音乐梦想,真的就要化为泡影了吗?一代音乐大师如何克服重重困难,重返自己心爱的乐坛呢?

　　的确,当贝多芬面对这一晴天霹雳时,着实打击不小。再加上失恋的痛苦,他几乎动了轻生的念头。就在遗嘱都写好了的时候,突然传来了法国大革命胜利的消息,他以往那些激昂的乐曲在他绝望的眼光中一闪而过。正是他的乐曲,他的艺术鼓舞了斗争中的人民。人民需要他,他不可以轻易地倒下,还有漫长的艺术之路等着他。贝多芬坚强地爬了起来,修长的手指停留在钢琴的按键上,轻轻摩挲。他无法离开他心爱的音乐舞台,什么困难都无法阻挡他成就音乐梦想!

　　在给朋友的一封信里贝多芬如此写道:"我要扼住命运的咽喉,它休想使我屈服！"贝多芬正是以这样顽强的意志，坚持进行创作。他常常要付出比别人多出几倍的辛苦，可他毫无怨言，《降E大调第三交响曲》正是在这一时期完成的。这部充满乐观主义色彩的作品，正是贝多芬克服心理困难，重新自信地面对生活的真实写照。

《降E大调第三交响曲》也称为《英雄交响曲》，这其中还有一个小小的故事。《英雄交响曲》本来是贝多芬为法国大革命时期的英雄拿破仑所创，就在即将呈献给拿破仑的时候，拿破仑却不顾人民的反对，加冕称帝。当贝多芬得知这一消息的时候，愤怒地说："他不过是个庸人，是为了一己私欲，践踏民主共和，凌驾于百姓之上的暴君！"然后撕掉扉页上的题献，改名为《英雄交响曲——为纪念一位伟大人物而作》，《英雄交响曲》由此得名。

贝多芬不仅埋头于音乐的创作，而且关心时事，政坛的一举一动他都了如指掌。但他从不巴结权贵，在他的一生中，留下了许多蔑视权贵的事例，这些逸事，成为人们茶余饭后的谈资，也成为贝多芬高尚品格的写照。

1807年，贝多芬住在维也纳的一位公爵家里。一天，公爵宴请贵宾，赴宴者都是当时法国占领维也纳的高级军官。客人们想听音乐演奏，公爵便派人去请贝多芬，但并没有说明缘由。贝多芬带着自己的新作《热情奏鸣曲》兴冲冲地赶到待客厅，想要尽情弹奏一番，以报答公爵的款待之情。但当贝多芬得知在座的客人都是占领维也纳的侵略者时，拒绝演奏，在暴雨之中愤然离去。不久后，公爵收到一封匿名信，上面这样写着："您之所以成为公爵，只是由于偶然的出身；而我之所以成为贝多芬，则完全在于我自身的努力。公爵现在多的是，将来也多的是，贝多芬永远只有一个！"

贝多芬之墓

这份《热情奏鸣曲》的草稿还存于巴黎音乐学院图书馆，供人们瞻仰纪念。这份被暴雨淋湿的乐谱，见证着贝多芬不畏强权的铮铮傲骨。

虽然贝多芬已经名扬海内外，但他依旧过着贫穷的生活。一次从农村回城，他租用了一辆没有车篷的马车，因淋雨染上肺炎，不久便病重不治，与世长辞。在贝多芬辞世的时候，身边没有一个亲人。但在两天后他下葬的那一天，却有两万多群众挥泪相送。一个

第三章 海外英雄

艺术家最大的成就不过是人们的认可。群众的眼睛是雪亮的,他们善于去伪存真,在众多的"艺术"中选出真正的、纯粹的艺术。得到人民群众的认可,贝多芬终于可以瞑目了!

贝多芬虽然走了,但却留给世人杰出的乐曲。在他的音乐中,人们可以体验战场上弥漫的硝烟,也可以感受到家中的天伦之乐;可以体验到小桥流水的安详宁静;也可以感受到繁华都市的热闹气派。只要音乐一响起来,贝多芬这个名字便永远不会被人遗忘……

南美反殖占鳌头
功成身退弃浮华
**阿根廷之父**
**圣马丁**

如果有一天你有机会到阿根廷旅游，一定不要忘了去布宜诺斯艾利斯的圣马丁广场看看。这里有着一尊巨大的将军跃马驰骋的铜像，十分威武。而雕像所塑造的人物，正是享有"阿根廷之父"盛誉的圣马丁。

圣马丁画像

1778 年，何塞·德·圣马丁出生在阿根廷的一个军人世家，8 岁时举家迁往西班牙。虽然生在南美，但圣马丁却算是个不折不扣的西班牙人。他在西班牙的这段时间，接受了正规的西式教育，而当时遍及全欧的启蒙思想更是深入圣马丁的心里。他如饥似渴地阅读了卢梭的《社会契约论》，伏尔泰、孟德斯鸠等人的学说也对他产生了极大的影响。圣马丁向往自由平等、人权至上的社会，他也要亲手缔造这样一个完美的世界。

第三章 海外英雄

1789 年,圣马丁进入步兵团,开始了自己的军旅生涯。因为英勇善战,战功卓著,被提升为少校。在与英国人、葡萄牙人的交战中,圣马丁锻炼出卓越的军事才能和指挥能力,但是他也看到了西班牙波旁王朝的腐朽堕落,深感失望。波旁王朝并不值得自己效忠,圣马丁想把有限的生命投入到更伟大的事业当中,青史留名。于是暗中联系故乡阿根廷的进步组织"劳塔罗",准备献身南美人民的解放事业。

机会终于来了,1811 年,阿根廷革命爆发,西班牙政府派兵镇压。圣马丁谎称身体不佳,退出西班牙军队,在家休养。次年便回到阿根廷首都布宜诺斯艾利斯,组织了"劳塔罗"的支部,作为领导阿根廷人民解放运动的核心。圣马丁还亲手组建了一支骑兵队,经过严格的训练和沙场的考验,这支骑兵队逐渐成为南美独立运动中的一面旗帜,为人民指引胜利的方向。

1813 年,西班牙侵略者大举入侵军事要地圣洛伦索,圣马丁率骑兵队迎击。这场战役十分重要,应该说,谁拿下了这场战役,谁就夺取了战争的主动权,成为阿根廷北方的实际统治者。圣马丁亲自上阵,身先士卒,勇敢地冲在最前面。士兵们也卸下沉重的铠甲,拿着短刀,轻装简行上战场,大有破釜沉舟、背水一战之势。激战中,圣马丁被刺刀划伤面部,被战马压伤左腿,依然顽强战斗。士兵们被主帅无畏的气势感染了,越战越勇,杀得西班牙侵略军丢盔弃甲,落荒而逃。这次胜利之后,西班牙军队蜷缩在南部,不敢北上

革命领袖圣马丁

进犯,阿根廷北部解放。圣马丁也在不久后被推选为北路军总司令,执掌大权。

接下来,圣马丁带领义军,横扫整个阿根廷,清除了西班牙殖民者的势力,解放了阿根廷全境,在阿根廷赢得了极高的声誉。圣马丁不会因为这点成绩而自满,他招募新军,改革军制,立志亲手打造出一支战无不胜的人民军队。此时,南美大陆另外一些地区燃起的战火使得圣马丁忧心忡忡,夜不能寐。他深知,不能偏安南美一隅,只有扫平了整个南美大陆的侵略势力,整个大陆结成联盟共同抗敌,才有可能避免家园再陷敌手。他制订了先攻智利,再由海路攻取秘鲁的计划。在当地居民的帮助下,圣马丁于 1816 年创立了安第斯军,次年率 5000 安第斯军从门多萨出发,翻越白雪皑皑的安第斯山,来到智利境内。西班牙守军做梦也没有想到身在阿根廷的圣马丁会翻

过天然屏障安第斯山，来到智利袭击他们。面对从天而降的安第斯军，很多西班牙守军还在睡梦中就已经一命呜呼了。这次奇袭，成为解放南美大陆时期的一段佳话；而短期之内横穿安第斯山的长征，也成为长征史上的一次神话。

圣马丁在发表演讲

在智利，安第斯军势如破竹，短短两天后就攻入了智利首都圣地亚哥，智利解放了。在鲜花和荣誉面前，圣马丁保持了一贯的谦虚，他把荣誉归功于勇猛善战的安第斯军，并拒绝接受成为智利的军政负责人。在人民的赞誉之下，圣马丁带着安第斯军悄悄离开了，进军下一个目标——秘鲁。

圣马丁依照计划，把在智利缴获的军舰进行了改装，从水路上进攻西班牙殖民者在南美大陆最后的据点——秘鲁。1820 年 8 月，圣马丁率领着拥有 24 艘战舰及大批运输船的"解放秘鲁军"，从智利出发，开始了这次水上的远征。"解放秘鲁军"先在秘鲁南部登陆，由南自北地攻克西班牙殖民者的堡垒，当殖民统治的最后堡垒利马城上也插上了象征独立的红白二色旗的时候，秘鲁宣告独立。

这时的南美大陆已经全部解放，需要一个人来领导南美大陆，以免殖民者再生事端，阻碍南美的独立发展。当时呼声最高的，除了圣马丁，还有另外一位英雄玻利瓦尔。这两位南北巨子在瓜亚基尔经过短暂的会晤之后，圣马丁决定放弃兵权，由玻利瓦尔领导解放事业，次日便公开表示解职，昔日的旧部划编到玻利瓦尔军队之中，统称"爱国军"。圣马丁为了南美的解放事业，不惜舍弃自己一手栽培的军队和爱戴自己的人民，他的无私，他的宽广胸怀，得到了南美人民的衷心敬仰！

第三章 海外英雄

　　1850 年 8 月 17 日，圣马丁病逝于法国布洛涅，终年 72 岁。后来阿根廷人民把他的遗骨迎回，安葬在五月广场，尊其为"阿根廷之父"，并立碑塑像永远纪念他。

　　这么多年过去了，这位英雄也因为岁月的流逝而被掩埋在人们的脑海里。今天，提及南美的解放者，很多人都会想到玻利瓦尔。大家不要忘了，200 年前，是一位英雄为了维护南美的独立大业，舍弃功名，才换得玻利瓦尔的一世英名和南美大陆的永享太平，这位英雄的名字就是圣马丁！圣马丁，正如一盏长明灯，永远照亮着南美大陆。

老年圣马丁

144

## 平民英雄加里波第

远征西西里　平民造辉煌

提及意大利的军队，很多人都嗤之以鼻。谁曾想到，在这样一个充满浪漫主义色彩的国度里，也曾出现过一支威震欧洲、所向披靡的军队。而这支军队的首领，就是意大利的传奇人物——加里波第。

加里波第所处的历史时代十分复杂，总体来说，意大利已经由盛及衰。曾经的意大利有着雄霸欧洲的实力，古代罗马帝国曾在这里繁荣发展；文艺复兴运动也在这里点燃了星星之火；这里更是近代资本主义的摇篮。但自从罗马帝国灭亡以后，意大利便长期处于四分五裂、战乱不息的局面。外部势力也趁机介入，16 世纪起，西班牙、奥地利和法国相继侵入意大利。

加里波第

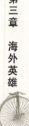

在这内忧外患的时刻,加里波第出现了,他将拯救意大利于水深火热之中。

1807 年,加里波第出生在意大利北部的一个平民家庭,年轻的时候做过水手。他眼见国破山河碎,悲痛万分,很早就在心里埋下了救国图存的理想。于是他加入了革命组织"青年意大利党",暗中从事一些革命活动,为自己积累了大量的革命经验。1834 年,他参加了意大利的海军起义。这次起义由于计划不周,机密泄漏,很快被政府镇压了下去。加里波第被全国通缉,不得不逃亡南美洲。在南美,他继续致力于解放运动,领导人民进行革命斗争,并取得了不小的胜利。1859 年,在当年的起义风波平息后,加里波第重返意大利,组织统一祖国的运动。

1860 年 4 月,西西里岛发生了农民起义。首先在巴勒莫市,随后扩展到其他地区,整个西西里岛都卷入了这场斗争。起义虽然很快遭到了血腥镇压,但不屈的起义者继续坚持游击战,发誓与西班牙扶植的西西里王国政府周旋到底。身在北方的加里波第得知了这个消息,立刻着手组织志愿军。他号召忠心爱国的人们拿起武器,帮助西西里岛的兄弟,共同解放意大利。很快,一支以手工业者、学生为主要力量的"千人义勇军"赶赴西西里。他们虽然不是真正的军人,却个个斗志满满,士气昂扬。他们身着红衫,像一个个革命的火种,将在意大利的版图上铸造辉煌。

5 月 11 日,远征军在西西里岛的马尔萨拉登陆。西西里岛的百姓夹道相迎,不少青年自愿参军。加里波第经过严格的筛选,吸收了一些青年,壮大了队伍。不久,这支队伍就扩展到 2 万余人。15 日,远征军同两西西里王国政府军第一次交锋。由于指挥得力、民心所向,远征军取得了完胜,而腐败的王国军则落荒而逃,从此一蹶不振。接着,远征军一鼓作气,进攻的方向直指西西里首府巴勒莫。不出一个月,远征军就取得了政权。西西里岛获得了解放。

意大利平民英雄加里波第

革命的风潮迅速席卷了两西西里王国统治的其他地区,那不勒斯地区的人民也举起起义的大旗,他们盼望着加里波第远征军的到来,帮助他们脱离西班牙伪政府的统治。8 月,加里波第率军北上,登陆那不勒斯。远征军在游击队的配合下,势如破竹,直捣两西西里王国的首都那不勒斯。不久,那不勒斯被起义军攻占,国王仓皇出逃。10

月 1 日,临时政府成立,加里波第被人民拥立为两西西里的首席执政官。西班牙对意大利南部的统治就此告终。

加里波第执政期间,在西西里地区实行了一些积极的措施。如改革赋税制度,取消了磨粉税等不合理的赋税,不再征收谷物和蔬菜的进口税;改革教会制度,打破神权思想的精神束缚,没收教会的财产,充实国库;在土地方面,他从公用土地中划分出一部分,用来奖励参与革命的农民,很多农民得到了土地,革命热情更加高涨。加里波第也由于成功解放西西里、改革旧制度成为意大利民族统一运动时期的英雄。

英雄不会因为取得一点点的成绩而自满,即使西班牙统治下的南方的西西里已经解放。我们的英雄又把目光锁定在意大利中部教皇统治下的罗马。加里波第集结军队几千人,于 1862 年大举进攻罗马。就在胜利在望的时刻,法国出兵干涉,使"红衫军"再次陷入了苦战。

加里波第和埃马努埃莱胜利会师

5 月,加里波第集合自己军队的两千名士兵,奇袭来犯的法国军队。当时的情况比较混乱,一些间谍混入城中,企图获得"红衫军"行动的第一手资料。为了迷惑他们,使敌人失去灵敏的"耳朵",加里波第巧用了瞒天过海之计。首先,他把出城时间定在深夜,利用黑夜掩护行军。其次,他安排军队由北门出城。这一方向是那不勒斯军驻扎的方向,而非法军驻扎的方向,即使行踪被间谍发现了,他们也会错误地认为"红衫军"是出兵远征那不勒斯军的。最后,加里波第的军队在出城后,迂回前进,绕了一个大圈子才到了敌军所在地,这样即使有间谍尾随出城也一定会在"红衫军"后

面到达敌军阵营。这样一来,他们彻底地摆脱了城内众多的敌军耳目,成功地进行了一次偷袭。在"红衫军"的奇袭之下,敌军大乱阵脚,仓皇而逃。加里波第命令战士们全军追击。这次战斗不到 3 个小时就胜利结束了,敌军 6000 人被全部击溃,元气大伤。不久,法国的部队被赶出了意大利,教皇在罗马的统治也画上了句号。这时,已 55 岁高龄的加里波第顺应统一的形势,把手中的政权与军队交给了意大利唯一的主权国家撒丁尼亚王国,统一的大任落到了撒丁尼亚的头上。而加里波第仍然活跃于意大利的民间,为意大利的解放事业贡献自己的一份力量。

　　1882 年 6 月,加里波第与世长辞,享年 75 岁。应该说,在意大利,没有谁像加里波第一样受到过如此尊敬:城市随处可见他的雕像;老人、孩子嘴里常常提起他的名言;他的事迹还被写入历史课本,激励一代代意大利人。他作为民族精神的代表被人们永远纪念着。没有他,就没有近代意大利的独立与繁荣;没有他,现代欧洲的格局也将从根本上改变。他,是真正造就了意大利辉煌历史的平民英雄。

## "解放者"玻利瓦尔

### 革命大潮领风骚
### 解放南美世人赞

在南美大陆的几个国家里，很多城市都矗立着同一个人的塑像。这个人，高大英武，身着戎装，英姿飒爽，他就是南美解放者玻利瓦尔。玻利瓦尔到底是什么人呢？为什么他会有如此大的影响呢？

这要从 200 年前的南美洲说起。那时的南美洲几乎都是西班牙的殖民地，殖民政府疯狂掠夺南美的资源和人民的劳动成果，镇压当地人民起义。在南美，不论是印第安人、黑人，还是出生在南美洲的白种人，都受到西班牙殖民政府的歧视和压迫。

玻利瓦尔

玻利瓦尔生于委内瑞拉，作为一个欧洲籍的白种人，他在接受良好教育的同时，也亲历了西班牙在南美残暴的殖民统治。他勤奋好学，少年时自学了卢梭、孟德斯鸠等人的理论。而那不久前的法国大革命、美国独立战争的胜利也深深激励着他为争取自由与民主贡献自己宝贵的青春。

1805年，玻利瓦尔在罗马郊外的阿旺丁山游览。这里留下了古罗马平民争取平等自由的遗迹。玻利瓦尔触景生情，想起渴望已久的自由与独立，他双膝跪地，宣誓道："为了不负父母的在天之灵，为了捍卫我个人的荣誉，誓死反抗西班牙的殖民统治。西班牙殖民者一天不离开南美，我就为革命事业奋斗一天！"

机会终于来了。1808年拿破仑·波拿巴入侵西班牙，西班牙忙于应付外敌入侵，放松了对殖民地的管辖，这给南美殖民地获得自己的政治独立提供了良好的时机。

玻利瓦尔充分抓住了这个时机，他曾先后两次把侵略者赶出委内瑞拉，并建立委内瑞拉第一、第二共和国，玻利瓦尔也被南美人民亲切地授予"解放者"称号。可惜好景不长，由于侵略者的反扑，摇篮中的共和国被扼杀了。玻利瓦尔流亡到海地等地，第一阶段的革命暂时告一段落。

这时的海地，已经成功摆脱了荷兰殖民者的统治，成为南美洲第一个独立的国家。玻利瓦尔有幸结识了海地的领导人佩蒂翁，虚心地向佩蒂翁学习革命的经验，并获得了他在军事上的许诺。然后玻利瓦尔开始在海地积聚革命力量。

经过几个月的细心准备，他终于带领一支200余人的"爱国军"重返委内瑞拉。这次，玻利瓦尔吸取了前两次革命的教训，不仅要扫除委内瑞拉的西班牙殖民势力，还要肃清整个南美洲的西班牙军队。这样才可以保证新生的政权不会被殖民者反扑，整个南美大陆团结一心，共同对外，这样，就离自由和独立的梦想不远了。

"爱国军"首先遇到的难题是委内瑞拉海上的门户加拉加斯，只有打开这里，才有可能深入内地，进而解放全境。可是加拉加斯是军事要地，西班牙殖民者自然不会轻易相送，重兵据守于此，义军屡攻不下，伤亡惨重。玻利瓦尔经过分析后发现，只有调动各阶层的革命热情，才有可能取得战争的胜利，因此他果断地采取了如下措施：宣布了废除奴隶制的法令，号召黑人为争取自由而斗争，鼓励黑人参军。如此一来，义军就赢得了广大黑人的支持，获得了雄厚的兵源。同时，他还宣布没收西班牙统治者和大地主的土地，分给革命军战士；承认印第安人自由并取消他们的人头税。

这些革命措施施行以后，南美人民热情高涨，积极配合"爱国军"，迅速攻克了加拉加斯和其他要塞。西班牙殖民者落荒而逃，退守南美大陆其他殖民地。

1818年10月，在安哥拉徒城中，委内瑞拉第三共和国宣告成立，此时的玻利瓦尔，心情十分激动，久久不能平静：现在的军队已经今非昔比，这是一支由学生、手工业者、黑人奴隶、普通市民组成的一支极富战斗力的队伍。人民已经觉醒，无论多么残酷的镇压也将无济于事,胜利终将属于南美人民。

在玻利瓦尔的带领下,义军迅速扫平了南美大陆西北部的殖民势力。建立起一系列的新生政权。这时,玻利瓦尔看到,只有建立更为牢固的革命阵地,组成坚强的抗敌联盟,才能保卫刚刚解放的领土。1819年年底,新格拉纳达和委内瑞拉组成了"大哥伦比亚共和国",玻利瓦尔当选为总统。不久,革命军又多次出兵,扫清了南美地区的残余势力,整个南美洲得到彻底解放。在这个过程之中,玻利瓦尔功不可没,所以当秘鲁东部解放以后,就改名为玻利维亚,目的是纪念这位南美洲的解放者,纪念这位不屈的斗士。

南美随处可见到玻利瓦尔的雕塑

而这时的欧洲,掀起了一股反法的风潮,法国军队不得不从西班牙境内撤回。西班牙政府也得以抽出精力镇压南美的革命。一万名军人在莫里略中将的带领下,远征南美洲。这支队伍从将军到士兵,无不久经沙场,战斗力十分顽强。而总指挥莫里略将军更是西班牙军界的传奇人物,他率领这支强大的西班牙军队,很快镇压了南美这些刚独立的共和国。玻利瓦尔的军队也不例外,几次交锋下来,在西班牙的优势兵力面前玻利瓦尔也败下阵来。从此,他隐姓埋名,从事地下的革命活动。

151

几年后,他东山再起,重新招纳了几千名革命战士,大败西军,把西班牙的军队彻底地赶出南美。西班牙政府被迫与大哥伦比亚签订和约,承认南美各国独立。颇具戏剧性的一幕是,负责签署和约的莫里略将军提出的请求是见一下玻利瓦尔本人,这位曾经战胜过拿破仑的西班牙将军到了最后也不相信自己会败在一个南美人的手里。

玻利瓦尔在有生之年,实现了自己在阿旺丁山山顶上的誓言。他凭借着自己的双手和群众的力量,挽救南美大陆于水深火热之中,为南美大陆的解放贡献了青春、智慧和才干。他的名字被深深地镌刻在了南美大地上,铭刻在了南美人民心中。

## 南丁格尔

### 「提灯女神」

不惜微光照世人
蜡炬成灰泪始干

在英国有一对姓南丁格尔的非常富有的夫妇,家里拥有很多土地,也有着很高的社会地位,两人结伴到意大利长期旅居,1820年5月12日,在意大利中部名城佛罗伦萨,南丁格尔太太生下了一个可爱的女孩子,因为她出生在异国他乡,所以父亲便以她出生的城市的名字给她取名为佛罗伦萨·南丁格尔。

南丁格尔

小佛罗伦萨·南丁格尔是一个非常可爱的小女孩,也因此被父母视为心肝宝贝掌上明珠。因此,父母不惜重金让小佛罗伦萨·南丁格尔接受不亚于真正的公主的贵族式的教育,还经常带她到欧洲各处游历,开阔眼界,增长见识,同时也暗暗希望小佛罗伦萨·南丁格尔能够广交名流,将来嫁入豪门。

出生于这样的家庭,小佛罗伦萨·南丁格尔并没有因为耳濡目染变成一个拜金主义者或者骄傲的小公主,恰恰相反,在家里时常进进出出的各种阶层的人士之中,真正在精神上给小佛罗伦萨·南丁格尔以影响的却是一位牧师。

这位牧师不仅仅是一位宗教人士,同时也是一位医务工作者。在附近的地区,除了少数贵族或者有钱人能够请得起私人医生,绝大多数的普通老百姓都是依靠这样的牧师来进行实际上的治疗的。这位牧师很喜欢天真可爱的小佛罗伦萨·南丁格尔,在小佛罗伦萨·南丁格尔的要求下,他给这个乖巧的小女孩讲述了很多医疗常识,更用自己治病救人、起死回生的亲身经历给小女孩上了生动的一课,这在幼小的心灵里面埋下了真善美的种子。

南丁格尔的母亲一直把她当作掌上明珠,只要一有空,一定会陪着小女孩各式各样的游戏。可是不知从何时开始,小佛罗伦萨·南丁格尔最喜欢的游戏变了,她不再喜欢给洋娃娃穿漂亮的衣服,做过家家的游戏,而变成把洋娃娃当作是受伤或者生病的患者,自己扮演护士,替娃娃包扎伤口,喂它们吃药。

时光荏苒,小女孩很快长大了,美丽的少女南丁格尔长相很漂亮,身材颀长。她有一头浓密而修剪得短短的栗色头发,她的气质,是那样独特而富有魅力,她的眼神,总是那样深沉、忧郁。她通晓英、意、德、法四国语言,又酷爱文学和艺术,她的父母希望她能早日成为一位显赫的贵妇人。

但南丁格尔从幼年时就怀有一颗仁慈而美好的心灵,立志做一名好护士献身于救死扶伤的护理事业。她翻译和学习了大量护理书籍,研究解剖学,访问当地著名的医院。1850 年,她设法说服了自己的父母,独自离开英国,前往德国的弗里奈尔护理学校学习护理知识。南丁格尔到达护理学校以后,非常认真地学习,就好像一块海绵一样,飞快地汲取着有关护理的一切知识,只花了 3 个月的时间,就把全部的课程学完了。1853 年出任伦敦患病妇女护理会监督。

南丁格尔画像

1854 年,英、法、土耳其联军与沙皇俄国在克里米亚交战,英军士兵的死亡率高达 50% 以上。英国政府号召妇女前往救治,善良的南丁格尔主动请缨,率领 38 名护士

第三章 海外英雄

奔赴战地医院。当南丁格尔真正置身于战场上才发现，医院的管理非常混乱，特别是环境卫生、伤病员的护理，根本就不到位，难怪战士的死亡率达到50%。她立刻全身心地投入工作，不但自己废寝忘食的工作，还向参与护理的女性同跑提出了几点要求：第一要从搞好环境卫生开始，第二要清理伤病员的伤口，进行消毒，然后再提高伤病员的伙食，增加抵抗力，病人的伤口愈合得就比较快……她去了半年时间，死亡率大大地下降，从50%下降到22%。南丁格尔用自己的实际行动证实了什么是以病人为中心。她夜以继日地工作，改革不合理制度，改建医院设施，使士兵们得到温暖、舒适、清洁、卫生的休养环境和营养充足的饮食，她参加手术、治疗、护理，向政府写报告并在每天深夜巡视伤病员。

晚上，南丁格尔常常放弃宝贵的休息时间，拖着疲倦的身躯，提着煤油灯去巡视病房，给病人盖被子，替病人写信。年轻的南丁格尔就好像天使一样美丽，任劳任怨地为病人干了那么多的活，又挽救了他们的生命，所以在伤员们的心目中，她就好像天使那样美。

到后来，每当夜晚降临，南丁格尔提着煤油灯进病房的时候，把南丁格尔视同神明一般的战士们就起来去抚摩心目中的女神照在墙上的影子甚至于去亲吻她的影子，这说明战士们是如何发自肺腑地爱戴她，所以"克里米亚战争天使""提灯女神"这两个绰号不胫而走，瞬间传遍了世界各地。

南丁格尔被称为"提灯女神"

南丁格尔的事迹震动了全英国，甚至于受到全世界的赞扬。马克思对她的勇敢和献身精神十分敬佩,他在德国和美国的报刊上发表文章说:"在当地找不到一个男人有足够的毅力去打破这套陈规陋习,能够根据情况的需要而不顾规章去采取行动,只有一个人敢于这样做,那就是一个女人——南丁格尔小姐。"

南丁格尔用自己的满腔热忱赢得了政府和人民的尊重和爱戴。两年后,战争结束,南丁格尔避开政府隆重的迎接仪式,化名"史密斯小姐"悄悄返回英国的家里。她说:"我不要奉承,只要人民理解我。"

南丁格尔回国后被尊为民族英雄,但她谦恭礼让,严格自律,谢绝了官方的交通工具和一切招待盛会,决心为改善军队的卫生条件而继续努力。1860 年,她用英国政府奖励给她的 4.4 万英镑,创建了英国第一所正规护士学校——南丁格尔护士学校。她被誉为护理事业的创始者和现代护理教育的奠基人。1901 年,她因操劳过度,不幸双目失明。1907 年,英国女皇颁发敕令,授予南丁格尔一枚功绩勋章。她成为英国历史上第一位接受这一殊荣的妇女。1910 年 8 月 13 日,这位护理了千千万万病人的女护士在安静的睡眠中离世,终年 90 岁。世人为了表示对她的崇敬和景仰,将她的生日——5 月 12 日定为国际护士节。

时至今日,每逢 5 月 12 日国际护士节到来之际,医院、护士学校等都会举行庄严的护士授帽仪式,并庆祝节日的到来。洁白的燕帽,象征着圣洁的天使;燃烧的蜡烛,象征着"燃烧自己,照亮他人"。每一位护士都曾经在南丁格尔像前,伴随着"平安夜"的庄严乐曲,接过前辈手中的蜡烛,宣读誓言:

"我宣誓:以救死扶伤、防病治病,实行社会主义的人道主义,全心全意为人民服务为宗旨,履行护士的天职;我宣誓:以自己的真心、爱心、责任心对待我所护理的每一位病人;我宣誓:我将牢记今天的决心和誓言,接过前辈手中的蜡烛,把毕生精力奉献给护理事业。"

# 圣雄甘地

## 生在乱世亦自强
## 鞠躬尽瘁为国家

156

提起印度，很容易让人联想到一个人。这个人剃着光头，上身赤裸，皮肤黝黑，一副苦行僧模样。他总是提着一个木质纺车，一有空就会纺起纱来。不论走到哪里，他都是众人欢呼的对象，一大群信徒常常追随其后。他就是印度民族运动的领导人，国大党领袖，"圣雄"甘地。

"圣雄"一词原是泰戈尔评论甘地所用，原意是伟大的精神。究竟甘地是如何取得这一殊荣的呢？其中自有着漫长曲折的过程。

甘地全名莫汉达斯·卡拉姆昌德·甘地，出生于名门望族，叔父与父亲都曾任职首相。这种家庭环境使得甘地从小过着优越的生活，青年时赴英国深造。在英国的学习使其看清了印度社会中存在的不平等现象和印度作为英

甘地

国殖民地的屈辱现实。甘地决定改变这一切,从英国回来后,他远赴南非,做了一名律师。在南非的日子,甘地饱受屈辱和种族歧视,生活和工作上的困难并不能使他退缩,他渐渐磨炼出坚强的意志与不屈的性格,逐渐成为印度侨民反对种族歧视斗争的领导人。回到印度后,他成为民族独立运动的领袖。

当时的印度,正处于英帝国的殖民统治之下,民族矛盾是最主要的矛盾。甘地回国后,吸收了佛教和印度教的教义,创造出一套独特的反对英国殖民统治的方式,即"非暴力不合作"。

"非暴力不合作运动"包括两部分内容:"非暴力抵抗"的方式和与英国殖民者"不合作"的态度。具体内容有:辞去英国人授予的公职和爵位;不参加殖民政府的任何集会;不接受英国教育,以自设的私立学校代替英国统治者的公立学校;不买英国货,不穿英式服装,自己纺纱织布;不买英国公债,不在英国银行存款,等等。这一系列措施,打击了英国在印度的势力,减少了英国的收益,促进了民族工业的发展。"非暴力不合作运动"是近代印度一次十分激进的运动。

甘地年轻时的照片

"非暴力不合作运动"在 1930 年的"食盐进军"中达到了顶点。这一年,英国殖民当局制定和颁布了食盐专营的相关法律,官方垄断食盐生产,任意抬高盐税和盐价,引起了人民强烈不满。甘地号召印度人民用海水煮盐,自制食盐,用以抗争殖民当局的"食盐专营法"。此时年过花甲的甘地身体力行,从印度北部艾哈迈达巴德城出发,步行向南,去海边煮盐。一路上,风餐露宿,日晒雨淋,长途旅行的辛劳却丝毫不能减少甘地的激情。他沿途不断地发表演说,鼓励群众。经过近一个月的徒步旅行,到达海边时追随他的信徒已有上千人。

当天晚上,他们绝食祈祷,并宣誓:"除非印度获得自由、当局不再实行《食盐专营法》,否则,我们就永远住在海边,日日夜夜与大海为伴。"

甘地年事已高,又经过长途跋涉,身体十分虚弱。可是,他每天带领大家早出晚归,在海滩上辛勤忙碌着,无论如何也不肯轻易休息。记者追踪报道了这一事件,甘地得到了广泛的支持。"食盐进军"也在当时的印度引起了一股自制食盐、抵制官盐的风潮。英国殖民政府为维护自己的利益，下令抓捕了甘地和几千名手无寸铁的群众，并宣布取缔国大党。

　　人民开始起来组织示威游行，要求殖民政府释放甘地并取消《食盐专营法》。游行的群众和警察发生了暴力冲突，"非暴力不合作"运动已经上升为暴力革命，革命大潮风起云涌。英政府害怕了，不得不在 1931 年释放了甘地并承认自制海盐合法，国大党也自此成为合法组织。"食盐进军"终于取得了初步胜利，这是甘地领导的争取国家独立的众多斗争中的一个代表性事件。

甘地和拥护者在一起

　　在为祖国独立解放而奋斗的同时，甘地也时时刻刻为了消灭印度教和伊斯兰教之间的纷争而斗争着。他周游全国，到处进行演讲，甚至为此而绝食，表示抗议。人们常常可以看到这位身体瘦弱、神情疲倦的老人冒着生命危险，调解两个教派的争端。在这方面，影响最大的事件莫过于调解"加尔各答纷争"。

　　1947 年印、巴分治前夕，素以血腥和暴力著称的加尔各答城形势非常危急。一年前的大屠杀使这里的宗教矛盾激化，此刻印穆双方摩拳擦掌，随时准备在这座百万人口的古城进行一场血战。加尔各答的骚乱势必会引起其他地区的恐慌与不安，甚至引发更大规模的暴力冲突。为防止印巴分治引发大规模流血事件，甘地在印度总督蒙巴顿等人的恳求下前往加尔各答，化解这场纠纷。1947 年 8 月 13 日，甘地到达加尔各答印穆混居区,前来欢迎的群众不计其数。其中不乏印、穆教徒。甘地为他们讲明道理,并表示愿意为加尔各答的和平进行祈祷。演讲中,甘地善于驾驭群众情绪,他时而声色俱厉,咄咄逼人;时而缄默不语,神情凝重。甘地的崇高地位和他特有的威仪使人们急躁的情绪逐渐缓和下来。

印度独立之夜,暴力冲突首先在拉合尔发生,然后大规模的仇杀在全国范围内迅速展开,而加尔各答却出奇地平静。由于甘地诚心的祈祷,暴力之城在这个不平凡之夜异常地宁静。

可是,和平是短暂的,不久后,陆续发生了一系列暴力事件,加尔各答四处弥漫着战争的气息。教派纷争愈演愈烈,仇杀事件不断。为了使加尔各答恢复理智,拯救千百万无辜者,甘地再次把生命作为赌注。9 月 1 日,甘地对外发表声明,决定开始绝食,一直到动乱结束,不成功便成仁。这次绝食对于甘地来说是一次极大的冒险。此

时他已 78 岁高龄,长时间的忧虑与奔波早已使他精疲力竭,绝食开始后很快他的身体便出现不良反应:心律不齐,语言不清。甘地绝食的消息几小时之内传遍了加尔各答城。多年来,虽然印度处于英国的殖民统治之下,通信较为落后,但甘地的绝食总能牵动全体印度人民的心,人们急切地希望了解他绝食期间的详细情况,并为他祈祷。一批批焦虑不安的群众从四面八方赶

甘地号召印度人民自己纺纱织布

来看望甘地,印度教徒和穆斯林知名人士也纷纷来到甘地卧榻前,要求甘地停止绝食。第三天凌晨,甘地的健康情况进一步恶化,整个加尔各答沉浸在焦虑与悔恨之中,众多的印度教徒和穆斯林一起在暴行肆虐的贫民区游行,呼吁恢复秩序与平静。当晚,全城恢复平静。印度教徒和穆斯林要人联合起草了一项共同声明,保证将阻止宗教仇恨再起,双方共同维护加尔各答的和平。

1947 年 9 月 4 日,甘地宣告为期 73 小时的绝食斗争结束。甘地不惜牺牲生命以捍卫和平的举动终于制止了加尔各答暴乱的蔓延,他因此获得了极高的声誉。

甘地,这样一位身体瘦弱,却精神坚强的老人,用自己的一生,谱写出印度人民反对英国殖民统治、争取民族独立与统一的动人华章。他的事迹,激励着许多人为和平、自由而奋斗。他以一种独特的方式,永远地活在人们的心中。

第三章 海外英雄

# 战士白求恩 伟大的国际主义

## 大爱无国界 异国救死伤

1890年3月3日，白求恩出生于加拿大安大略省的格雷文赫斯特镇。这一带风景优美，是加拿大享誉世界的度假别墅区。白求恩的家庭虽然谈不上很富裕，但比起附近居住的工人来说确实要优越得多。父母对周围贫穷人家的帮助和关爱，在他幼年的心中种下了一颗对人友善仁慈的种子。

白求恩

白求恩的原名为亨利·白求恩。"诺尔曼"本是他祖父——一位著名外科医生的名字。但是童年的白求恩要求大家叫他"诺尔曼·白求恩"，因为他立志要做一名像祖父一样救死扶伤的医生。

长大后，白求恩进入多伦多大学学习医学。靠着半工半读，白求恩完成了大学的学业。他当过餐厅服务员、消防员、报社记者、伐木工人、小学教师和礼拜天学校的教师，这些工作让他有机会接触、了解社会底层的人们，增长了生活的阅历。并且，他尽自己的力量为弱势人群及饱受战乱之苦的人民提供帮助。

1923年，白求恩通过了非常严格的考试，成为英国皇家外科学院的临床研究生。1924年，白求恩在底特律开设了一个小诊所，专门面向社会下层的劳动人民，他的病人只付很少的钱，有时连一点钱也付不出，白求恩就免费为之看病。

不幸的是，恶劣的环境使白求恩感染上了肺结核。那时，肺结核基本上是不治之症。但是，白求恩并不畏惧，以自己的身体勇敢地实验一种新的治疗方法——人工气胸。结果，他不仅战胜了病魔，也从此成为一位掌握"人工气胸"技术治疗肺结核的专家。而当时懂得这种技术的专家全世界只有13位。

1928年初，白求恩来到加拿大蒙特利尔市的皇家维多利亚医院。5年间，他刻苦学习，辛勤工作，发明和改进了12种医疗手术器械，有些还以他的名字命名，如"The Bethune RibShears"（白求恩肋剪）等。1934年，他受聘为魁北克省圣心医院胸外科主任，成为加拿大年薪最高的医生之一。

1935年夏，他加入了加拿大共产党。不久，西班牙爆发内战，"援助西班牙民主委员会"请求白求恩去领导马德里的加拿大医疗队。白求恩当时是世界最著名的胸外科专家、加拿大年薪最高的医生之一，人们认为这个请求太不现实了。但白求恩出人意料地决定去。

1936年11月3日，白求恩奔赴马德里。在那里，他发明了世界上第一个流动血库和输血技术，可大规模地给伤员输血，这种技术在世界医疗史和输血史上是一个重要的里程碑。在反法西斯战场上，白求恩用这种技术抢救了数以千计的战士，伤兵们不禁感动得欢呼"战地输血万岁"。

白求恩在加拿大皇家医院留影

1937年7月，抗日战争爆发。正在国内为西班牙募捐的白求恩认为，抗击侵略者的中国更需要帮助。1938年1月，年近50岁的白求恩，与护士琼·尤恩等人组成的加美医疗队，从温哥华出发前往中国。白求恩一行到达中国时，中国的抗战已逾半年，北京、天津、上海、南京等城市相继陷落，国民党政府已临时迁都武汉。几经周折，在 1938 年 3 月底，白求恩来到了延安。

　　他们受到了边区干部、群众的热烈欢迎。在毛泽东接见了白求恩时，白求恩向毛泽东提出了他的请求："我请求到前线去，到晋察冀根据地去，一个军医的战斗岗位应该是离火线最近的地方。"

白求恩大夫在中国人民中间工作的情景

　　当时，八路军卫生部的负责人为了他的安全，希望他能留在延安。白求恩发火了，他愤怒地从窑洞中掷出了一把椅子。当他渐渐平静下来后，他说："我不是为生活享受而来的。什么热咖啡、嫩牛肉、软软的钢丝床，这些东西我早就有了！但为了理想，我都抛弃了！需要特别照顾的是伤员，而不是我。"

　　"我为我的鲁莽向你们道歉，但你们也要向拄着拐杖的伤员道歉。"

　　面对倔强的白求恩，卫生部的同志只好报请中央批准，同意他去晋察冀前线。

　　白求恩常说："一个战士，在前方奋勇杀敌，负了伤来到医院治疗，我们如果对他不负责任，就是对革命不负责任。"白求恩对工作极端负责的态度，给每一个在他身边工作的同志和接受过他治疗的伤员留下了深刻的印象。

　　一次，他发现一个护士换药，瓶里的药和瓶签不一致。他立即用刀把瓶签刮掉，予以改正。并对那个护士说："小同志，这种粗枝大叶的作风，是要害死人的，不允许再有类似的事情发生，我们要对病人负责啊！"

　　一天，白求恩看到一个股骨受伤的伤员没有上夹板，立即询问是哪个医生负责的。有人解释说,夹板都用完了。白求恩严肃地批评了这个医生,并领着医生和木匠一起做了一批夹板,供伤员使用。

白求恩不但精心地为八路军伤员医伤,还主动热情地为边区的老百姓治病,感动了无数人。

在艰苦的战争环境下,白求恩无私地奉献着自己的一切。他从不考虑自己,在生活上毫无所求。当毛泽东特意给晋察冀军区负责同志拍电报,指示每月发给白求恩 100 元津贴时,白求恩拒绝了。他在给毛泽东的复电里说:"我谢绝每月 100 元津贴。我自己不需要钱,因为衣食一切均已供给。"他说:"能和这样

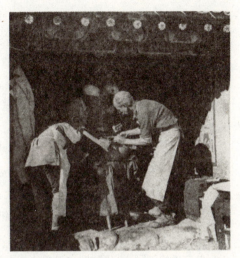

白求恩抢救伤员

一些为共产主义奋斗的同志工作在一起,是我毕生最大的幸福。"

1939 年 4 月 23 日,著名的齐会战斗开始了。根据白求恩的意见,医疗队在离前线很近的温家屯一座关帝庙里布置了一个临时手术室。

伤员一个接一个送来了,白求恩整整一天没有休息。

枪声离手术室越来越近,白求恩仍然不停地在进行着手术。

天快亮时,一颗炮弹在小庙附近爆炸,震耳欲聋,一股黑烟涌进手术室。白求恩仍然全神贯注地进行手术。

又一发炮弹在手术室外面爆炸,小庙的一角被炸塌了,白求恩仍然镇静地进行着手术。

在他的眼中,手术台就是医生的阵地。

就是凭着这种精神,他在晋察冀的一次战斗中,曾连续 69 个小时为 115 名伤员动了手术。

加拿大康科迪亚大学
附近的白求恩像

第三章 海外英雄

1939 年 10 月下旬,在涞源县摩天岭战斗中抢救伤员时,白求恩的左手中指被手术刀割破。经过一昼夜的行军,白求恩一行到达了甘河净后方医院,这时他的手指开始肿胀。但他顾不上休息,第一天就检查了 200 多名伤员。第二天,他给 13 人做了手术。就在这里,白求恩为一位头部严重感染的伤员实施排脓手术,他受伤的手指被感染了,不久转为败血症。尽管首长们指示,不惜一切代价为白求恩治疗,然而已回天乏术了。

1939 年 11 月 12 日晨 5 时 20 分,白求恩——一颗拯救了无数生命的巨星陨落了。他为中国人民的解放事业献出了宝贵的生命。终年 49 岁。

1972 年加拿大政府最终放弃了对他共产党员身份的偏见,承认了他的历史地位。2000 年 8 月,一座高 1.95 米的白求恩纪念铜像矗立在格雷文赫斯特镇中心的广场上。

白求恩的国际主义精神,白求恩的毫不利己、专门利人的精神,永远激励着后人。

特里莎只是一位满面皱纹、瘦弱文静的修女。可是，当她去世时，印度政府为她举行国葬，全国哀悼两天。成千上万的人冒着倾盆大雨走上街头，为她的离去流下了哀伤的眼泪。她就是被誉为"活圣人"的特里莎修女。1979 年授予她的诺贝尔和平奖的颁奖词说："她的事业的一个特征

特里莎

就是对单个人的尊重……最孤独的人、最悲惨的人、濒临死亡的人，都从她的手中接受到了不含施舍意味的同情，接受到了建立在对人的尊重之上的同情。"

特里莎修女生于斯科普里一个天主教家庭，那一带一直为贫穷、混乱和民族战争所困扰。她的父亲是当地一个很成功的小商人，她是家中最小的一个孩子。十二岁时的特里莎就加入了一个天主教儿童慈善会，后来她回忆说，当时她就预感到自己将来的工作就是要帮助穷人。

十五岁那年,特里莎和姐姐就决定到印度去参加传教士训练的工作。就是从那个时候开始,她和印度结下了不解之缘。她在印度参加过修会,还担任过修会中学的地理教师。

1931 年,她正式成为了修女,1937 年成为了终身修女,并且正式改名为特里莎。

二十世纪四十年代初期,特里莎修女在一所修会中学担任校长,但当时印度贫富差距非常大,校内一片安宁,但校外却满街都是无助的麻风患者、乞丐、流浪孩童。

1946 年 9 月 10 日,特里莎修女到印度大吉岭的修院休息了一年,并强烈的感受到自己要为穷人服务的心。返回加尔各答后,她向当地的总主教请求离开学校和修会,但一直得不到许可。

1947 年东巴基斯坦独立之后,以贫民窟多且脏而闻名、被印度总理尼赫鲁称为"恶梦之城"的加尔各答突然涌入了数以万计的难民,传染病如霍乱和麻风病仿佛雪上加霜一样在街头巷尾爆发开来,于是加尔各答的街头,学校的高墙外越来越像是地狱。这一幕幕人间地狱的场景折磨着特里莎修女的心。可以说,特里莎目睹着悲惨世界——那是高温热带中永远的冰冷,那是身体随时碰撞的人群里永远的冷漠,那里不仅仅是贫穷,也不仅仅是悲伤,那是一个赤贫和极度悲惨的世界。终于,教皇给特里莎修女以自由修女身分行善的许可,还分配给她一个社区和住所让她去帮助有需要的穷人。

特里莎把一生都献给了穷人

特里莎修女马上去接受医疗训练,并寻找帮手,特里莎修女与其他 12 位修女,成立了博济会,她们不穿修女服,改穿印度传统的沙龙。以白布镶上朴素的蓝边,成为博济会修女的制服。

有一天,特里莎在靠近车站的广场旁发现一位老婆婆病倒街头,惨不忍睹——脚上胡乱裹着几块破布,蚂蚁爬来爬去,身上被老鼠咬过,血迹斑斑,伤口溃烂,白色的蛆在化脓的伤口里面残来钻去……

特里莎不顾肮脏和异味,立刻对老婆婆进行了紧急救治,发现老婆婆一息尚存,立刻把她送到附近的医院。医生不愿意医治这个穷困潦倒的老婆婆,简单处理了一

166

下敷衍了事,马上把她们赶了出来。特里莎在一位好心的保健所所长的帮助下,总算找到了一所寺庙让老婆婆休养。后来,特里莎在街头抢救许多临危的病患到收容所来替他们清洗,给他们休息的地方,感动了许多印度人。他们似乎一下子放弃了宗教的偏见,也不再为难特里莎。

自从找到落脚点后,不到一天的时间,修女们就将三十多个最贫困痛苦的人安顿了下来。其中有个老人,在搬来的那天傍晚即断了气,临死前,他拉着特里莎的手,激动地说:"我一生活得像条狗,而我现在死得像个人,谢谢!"

特里莎与肯奇塔

两年后,贫病、垂死者收容院终于成立,当时在入口处挂着一块牌子,上面写着"清心之家"的字样。从那之后,她将自己完全献给异族最悲惨的人——那些赤贫的人,他们临死时都无人投上一眼;那些被丢在街上的孩子,他们像野草像虫子一样活着;那些因为艾滋病、麻风病或是残疾而被亲人踢出家门的人。她亲手握住快要在街头横死的穷人的手,给他们临终前最后的

特里莎受到教皇接见

一丝温暖,让他们含着微笑离开这个残酷的世界。她亲吻那些艾滋病患者的脸庞,为他们筹集医疗资金。她给柬埔寨内战中被炸掉双腿的难民送去轮椅,也送去生活的希望。她细心地从难民溃烂的伤口中捡出蛆虫,她亲切地抚摸麻风病人的残肢……

1979 年,特里莎以"无人想要,无人介意,无人关爱的人"的名义接受了诺贝尔和平奖,并将奖金连同诺贝尔奖庆祝盛宴的钱全部捐出。

1950 年至 1997 年,在近半个世纪里,当政治家们喋喋不休地讨论着贫穷问题,并信誓旦旦地保证一定要解决这个问题的时候,特里莎正握住一只又一只临终者的手。当那些救助

第三章 海外英雄

贫穷的专款还在官僚手中，或变成某个"形象工程"时，特里莎已经给无家可归者一个又一个安身之处。她不在意那些时髦的经济发展致富理论，更不会注意"领袖们"在沙龙里讨论着什么，她只是走出去，去改变一个又一个人的生活，让他们有尊严地活着，有尊严地死去。

特里莎生前，做的都是小事情——抚慰临终者，抱起弃婴，为病人清洗伤口，替老弱铺上床单……但是她的去世却是全球的一件大事，无数的人为她送行，不分种族，也不分宗教。那个夜晚，人们哭泣叹息——这个星球少了一点儿光亮，少了一点儿仁爱，少了一点儿同情。

特里莎修女在获得诺贝尔奖的感言中说过，"我从穷人那里得益良多。"她总是微笑，"因为微笑就是爱的开端，一旦我们开始彼此自然地相爱，我们就会想着为对方做点什么。"

特里莎修女一生都在帮助印度穷人，印度穷人不穿鞋，她就打赤脚，几十年如一日。最后她走到了生命的尽头。当她合上双目、永远地离开了印度时，人们不知道是该给她穿上鞋子，还是让她打赤脚。后来人们做了一个决定，不给她穿上鞋子，因为她自从和印度穷人一起生活时，就不穿鞋子了。特里莎修女，就这样赤脚走进了天堂。戴安娜王妃会见特里莎修女时，看着她的赤脚，再看看自己脚上的白色高跟鞋，说了一句话："羞愧啊！我脚上穿了双白色的高跟鞋！"

特里莎修女自己也是一个穷人，她的生活朴实无华，但同时她又是世界上最富有的人，因为她拥有爱、给予爱、收获爱。她创建的组织有四亿多的资产，世界上最有钱的公司都乐意捐款给她；她的手下有七千多名正式成员，还有数不清的追随者和义务工作者分布在一百多个国家；她认识众多的总统、国王、传媒巨头和企业巨子，并受到他们的仰慕和爱戴。可是，她住的地方，唯一的电器是一部电话，她穿的衣服，一共只有三套，她甚至于没有袜子……

1997年特里莎走完了87年的人生历程，印度政府为她举行了只有总统和总理才有资格享有的国葬，来自20多个国家的400多位政府要人参加了她的葬礼，其中包括三位女王与三位总统。

# 黑人领袖曼德拉

为平等甘洒热血
为独立奋斗终生

你知道当今非洲最富有的国家是哪个吗？没错，就是南非。你知道南非在最近的几十年中发生了什么翻天覆地的变化吗？你知道这一切的缔造者是谁吗？就是他，黑人领袖、南非前总统曼德拉。

南非是个物产丰富的国家，地下蕴藏着大量的钻石、黄金和石油。近几个世纪，这些宝贵的资源得到了充分的利用，国家渐渐富裕起来。但这里却存在着十分严重的歧视，占了全国人口半数以上的黑人被当作奴隶来使用。他们没有任何尊严，没有任何自由与做人的权利。白人把他们视为挣钱的工具，像牛马一

曼德拉

样的活的生产资料。黑人们不敢有任何的奢望，他们终日辛勤劳作却食不果腹、衣不蔽体。这样的日子黑人们已经忍无可忍了！他们拿起手中的武器，反抗着不公的命运。胜利之神本该眷顾他们，可他们各自为政，独立作战，没有结成强有力的集体。白人很

容易地就将其逐个击破,镇压下了一次又一次的起义。黑人们需要一个强有力的核心,将他们凝聚起来,率领他们与白人斗争。这个时候,曼德拉站了出来。这位出生于南非大酋长家庭、接受过良好教育的年轻人,利用自己与生俱来的领导才能与聪明才智,带领着黑人兄弟与白人统治者周旋,取得了一次又一次革命运动的胜利。人们期望已久的自由与平等近在咫尺。曼德拉也由于自己的出色表现被人们尊为英雄。

白人统治者迅速采取措施,企图瓦解这股革命风潮。而这其中的关键,就是抓捕黑人领袖曼德拉。曼德拉听到风声,从容地等在家里,并没有急于逃走。当时的情势十分危急,朋友们都劝他出逃别国。可他却义正词严地说:"逃跑并不能解决问题,我不能为了一己的利益而放弃整个黑人的革命事业。我决定勇敢地面对这一切。"结果,他被捕了。

在法庭上,曼德拉上演了一出不卑不亢、据理力争的好戏。

法官问他:"你对你自己犯下的过错有合理的解释吗?"曼德拉镇静地回答:"不错,我的所作所为都是'不合理'的,我从没有试图掩盖或是包庇自己的'恶行'。法律是你们白人制定的,法律规定黑人是天生的奴隶。退一步想,如果是黑人当政,是否也会把白人标为奴隶呢?你们的标准有失公允,在"自由与平等"这本全世界通用的'法律手册'上,你们都是罪犯,都该接受最严厉的惩罚。"

法官哑然,曼德拉继续慷慨陈词:"我们的政治体制是当今世界最落后、最黑暗的。它早晚会被平等民主的共和制取代。我无须多言,时间自会证明一切。"

少年时代的曼德拉

审判成了一场唇枪舌战,最终,法官和陪审团被说得哑口无言。曼德拉本应被无罪释放。可是,白人统治者无论如何也不会放过这样一个千载难逢的好机会。他们把政治煽动和非法越境罪强加在曼德拉的头上,判处了他5年有期徒刑。在铁窗生活的第三个年头,他又被指控犯有阴谋颠覆罪而改判为无期徒刑,白人以"特殊犯人"的名义把他独自关押在太平洋的一个小岛——罗本岛上。

曼德拉在监狱里被折磨了27个年头。即使身陷囹圄,曼德拉仍然是南非乃至世界人民关注的焦点,他的号召力和影响力遍及全世界。1981 年,万余名法国人向南非驻法使馆发出联名请愿书,要求恢复曼德拉的自由之身;翌年,全球 53 个国家的 2000名市长又为曼德拉的获释请愿;1983 年,英国 78 名议员发表联合声明,50 多个城市市长在伦敦盛装游行,要求英国首相向南非施加压力,尽快释放曼德拉。在国内外的压力面前,南非政府不得不于 1990 年释放了曼德拉并恢复了他的政治自由。曼德拉出狱后,继续为黑人的独立事业奔波,他也成为世界上领导黑人争取自由平等的一面革命大旗。

1994 年 5 月,曼德拉当选南非总统,成为南非历史上第一个黑人总统。曼德拉在职期间,南非经济飞速发展,迅速成为非洲大陆上富甲一方的大国,国家综合实力显著提升。南非的种族歧视问题也得到了彻底解决。这一切源于曼德拉宽阔的胸怀和无私奉献的心态。曼德拉也正因为这宽广的胸怀而备受称赞。

曼德拉投票

2000 年,南非警察总署发生了这样一件突发事件:上班时间,当工作人员打开电脑准备工作时,电脑屏幕上启动时曼德拉的头像逐渐变成了一只"大猩猩"! 这不仅事关国家领导人的声誉,在南非这样一个刚刚解决种族问题的国家里,甚至还涉及人们关注的种族歧视问题。全国人民闻之义愤填膺,表示一定要找出搞恶作剧之人。但当消息传到曼德拉的耳朵里,他反而出奇地平静,并表示"我的尊严并不会因此而受到损害"。事发不久,在一所新建学校的竣工典礼上,曼德拉满脸笑容地对孩子们说:"看到你们有这样的好学校,连大猩猩都十分高兴。"数百名孩子听到后开心地笑了,曼德拉的嘴角也微微翘了起来。坦然对待别人的恶意,一笑了之,这一片段成为曼德拉博大胸怀的真实写照。坦荡而豁达的胸襟,是一个成功的领导人所必备的品德。

在曼德拉毕生的努力之下,黑人取得了他们应该有的权利,黑人们终于站起来了。世界上最后一座种族歧视的堡垒被打破。曼德拉也因他的功绩而成为南非人民心目中的英雄。

## 切·格瓦拉

### 『最后的革命者』

#### 永远的战士 不屈的灵魂

在球王马拉多纳的手臂上，有一个人像刺青，那就是切·格瓦拉——一个浪漫的游侠诗人，一个永远战斗着的战士，一个不屈的灵魂。他是阿根廷人的骄傲，他象征着永远地抗争和战斗。他是革命、青春、激情、力量、梦想和乌托邦的代名词。他的黑白肖像在许多进步青年的 T 恤上出现，因为那代表着一块精神高地。

切·格瓦拉

1928 年 6 月 14 日，切·格瓦拉出生在阿根廷罗萨里奥市。他的母亲是西班牙贵族后裔，父亲是一个南美富有家庭的曾孙，他有着西班牙和爱尔兰血统。出生一个月他就患上了肺炎，2 岁的时候，因为妈妈带他到海边游泳，又不幸得了哮喘，这成了缠绕格瓦拉一生的疾病。为了医治自己的哮喘病，他还专门选了过敏反应这一方向进行研究。但在行医中痛感人民苦难非药可治,在阅读了马列著作后他决心从事政治斗争,以解放整个拉丁美洲为己任。

格瓦拉热爱旅行。1951年12月,他打算用一辆摩托车周游美洲。旅行刚刚开始,摩托车就坏了,他就改步行,有时搭公共汽车或者木筏。八个月的时间里,格瓦拉行驶了9000公里,大半个美洲都留下了他的足迹。在青年格瓦拉对拉美大陆进行的四次打工式长旅中,他学会了热爱美洲,热爱底层人民。他在水泥水管中与一个流浪的乞丐一起过夜时,后者听说了他的旅行计划,惊奇地问他:"您就这样白白地浪费力气吗?"这句淳朴的问话使他懂得了什么叫"穷人"。他在玻利维亚看见农民代表在拜见部长前,被门卫往身上喷洒滴滴涕。他在智利矿区一对矿工夫妇家过夜时,发现他们盖的被子根本无法御寒,就把自己随身带的被子给他们盖上。后来他回忆道:"那夜我虽然被冻得发抖,但我感到了自己是全世界被压迫者的兄弟。"从医学院毕业后,切放弃了难得的从医机会,第四次踏上长旅之路,告别时,他突然从火车上向亲友喊道:"一个美洲的战士出发了!"从此,他不断地"在爱的引导下"一次又一次地出发。

1955年2月,格瓦拉认识了流亡海外的古巴年轻律师、大名鼎鼎的革命者卡斯特罗,并与其结成密友,两人很快便率一支小队乘船潜回古巴,登陆后他们上山进行游击战,他们开始了并肩奋斗的历程。格瓦拉很勇敢,他参加了古巴游击战争中的大多数战斗。在"七支步枪起家"的斗争中,格瓦拉读过西班牙文本的《毛泽东选集》后深受启发,后来他一再说:"毛泽东是游击战大师,我只是个小学生。"

星星之火可以燎原,三年的游击战争,他们推翻了美国政府支持的腐败的巴蒂斯塔独裁统治。革命胜利了,切·格瓦拉骑着一匹骏马,率领他的纵队最先雄赳赳地开进了哈瓦那城,成为不是古巴人的古巴英雄。

古巴总统卡斯特罗颁布法令:"鉴于格瓦拉为古巴人民所建树的功勋,特授予他古巴国籍,享有与出生在古巴的人相同的权利。"红色古巴政权建立后,他出任全国土地改革委员会负责人,后来又担任国家银行

为了重建古巴,格瓦拉号召人民每周做义工一天,自己身先士卒

第三章　海外英雄

行长和工业部长,为古巴经济重建呕心沥血;他也担任过总检察长,把很多巴蒂斯塔的支持者送上了绞架。

古巴革命成功伊始,担任各种要职的切天天惦记着给哈瓦那一个贫穷的居民区。他每天都在工地上像一个普通劳动者一样参加各种劳动,一向讨厌被拍照的他,那次被一位著名的摄影师拍下了许多珍贵的照片。在艰苦的建国岁月里,他常常每个季度义务劳动二百四十个小时。在这样忘我的工作中,他给自己留下的,几乎只有读书和睡觉的时间。一位有心的摄影师拍下了他来不及系好鞋带的一张照片。为了从根本上改善人民的生活,他在担任国家银行行长时,向经济专家学习请教;在出访外国时,利用一切机会学习对方的建设经验;在担任工业部长时,坚决撤换所有没有按他的规定通过文化考试的各级干部;面对美国的封锁,他亲自带领人们设计、试验甘蔗收割机。

一位也叫格瓦拉的古巴人曾写信问切·格瓦拉他们之间是否有什么血缘联系,切·格瓦拉在给她的回信里说:"我不知道我们是不是亲戚,但是,如果你也像每个格瓦拉那样,每逢世界上发生非正义事件时就气愤得发抖,那么我们也许是亲戚。"

174

1960 年,格瓦拉来华访问。他见到了被自己奉为导师的毛泽东,两人亲密地拉着手说话。回国后,格瓦拉便拿起甘蔗刀下田,宣布这是仿照人民公社的榜样,并号召民众学习中国专家不计较工资只讲奉献的精神。格瓦拉做体力活并不是装样子给群众看,而是实实在在地真干,业余时间特别是星期六下午,他的时间主要用于义务劳动。

他公私分明,年幼的孩子生了急病,他也绝不许用自己的公车送孩子去医院。在当时物资困难的情况下,政府发给每个高级领导人一张特殊供应卡,位居国家第二把手的格瓦拉马上退回,而且始终要求家人到商店同普通百姓一样排队买东西。至于他那些同战士一样站岗,治疗被视为瘟神的麻风病人从不戴手套一类的故事,更是被人广为传扬。正是这种毫无利己动机的献身榜样,使格瓦拉能够超越时空,被贫困国度的民众和许多富足的西方人同时接受和称赞。卡斯特罗对这位战友的评价则是:"一个在行动上没有一丝污点,在举动中毫无瑕疵的典范就是切·格瓦拉!"

1964 年,他代表古巴在联合国大会上谴责西方国家对刚果(比利时属)的干涉。三个月以后,他从古巴突然消失,秘密地率领一支古巴游击队去了刚果丛林。在他给卡斯特罗的告别信里说:"我已经完成了把我同古巴土地上的古巴革命结合在一起的一部分职责。因此,我要向你,向同志们,向你的人民同时也是我的人民告别……世界的另外一些地方需要我去献出我微薄的力量。由于你担负着古巴领导的重任,我可以去做你不能去做的工作。我们分别的时候到了……我不要古巴负任何责任，我只是学习了古巴的榜样而已。如果我葬身异国，那么我临终时想到的将是古巴人民，特别是你。"

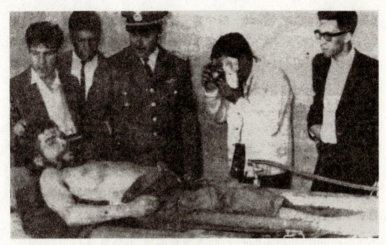

切·格瓦拉死后记者对遗体拍照

1966 年 11 月，格瓦拉又率领一批革命者到了玻利维亚，准备在那里开展游击战争。切·格瓦拉在出征玻利维亚前留给孩子们的信中也这样写道："你们应当永远对世界上任何地方发生的任何非正义的事情，都能产生最强烈的反感，这是一个革命者最宝贵的品质。"

不幸的是，1967 年 10 月 8 日，在尤罗山战斗中，拉丁美洲著名革命家、"游击中心论"倡导者格瓦拉受伤被俘，第二日玻利维亚政府军和美国中央情报局未经过任何法律程序，把他就地枪决。当时他年仅 39 岁，和他同时遇害的还有其他 34 名游击队员。格瓦拉有这样一句诗：我踏上了一条比记忆还长的路，陪伴我的是，朝圣者的孤独！据说，在刽子手面前他发出了他一生中最后的慨叹："革命，是不朽的！"

格瓦拉牺牲后，比生前获得了更多的荣誉，在世界范围内有众多崇拜者。在许多国家的群众集会上，经常可看到他的画像和毛泽东像并列。那幅穿作战服留胡子的照片，成了为摆脱苦难而奋斗的许多人的精神偶像。切·格瓦拉已经不仅仅是一个英雄，更是一个传奇！

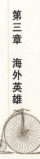

## 平等自由梦　临终终成真

# 『黑人之音』马丁·路德·金

176

1955 年，一位黑人妇女罗莎·帕克斯乘坐蒙哥马利市公共汽车公司的汽车时，拒绝给白人男子让座，被警察拘捕，判处监禁 14 天。理由是无视蒙哥马利市关于公共汽车上种族隔离的法令，私自占用了白人的专座。

马丁·路德·金

这个消息被一个年轻的黑人得知后，他立即组织起蒙哥马利市的近五万名黑人，抵制新颁布的公交法令。他号召黑人兄弟们"不与邪恶的规章制度合作，不要再给公共汽车公司以经济上的支持"。

这个黑人小伙子叫作马丁·路德·金。在随后的十几年里，他在美国掀起了一股翻天覆地的关于争取黑人权利的风潮，整个美国的有色人群为他疯狂欢呼。他也为争取人权的斗争鞠躬尽瘁，流尽了生命中最后的一滴血。

马丁·路德·金于1929年生于美国南部一个黑人中产阶级家庭,在波士顿大学取得法学博士学位后积极组织参加争取人权的运动。"帕克斯事件"引起了他极大的愤慨,他意识到黑人心中压抑百年的自尊已经觉醒,反抗的时机成熟了,黑人屈辱的历史将就此改写。他在该市发动了一场著名的黑人为争取平等权的"罢乘运动"。这是美国历史上第一次黑人团结起来为自身争取权益的运动。当时,他只有26岁。

当罢乘的口号传遍了整个蒙哥马利市时,所有黑人都积极响应。"坐着"已经从一个简单的姿势上升到关系民族尊严与基本人权的大事。为了达到目的,不论遭受多大的痛苦,他们也愿意承担,而这正是一场信念与毅力的考验。黑人很少有车,如果拒乘公共汽车的话,本来只要半个小时的车程却要徒步走上两个小时。这给很多人工作、生活带来了很大的不便。但在种族的权利与尊严面前,这点苦又算得了什么呢? 在斗争进行了一年多之后,美国政府不得不进行妥协。联邦地区法庭最终裁定,亚拉巴马州和蒙哥马利关于在市立公共汽车上实行种族隔离是"违宪"的。美国黑人争取人权的进程向前迈出了一大步。

作为这次运动的主要领导人,马丁·路德·金体会到了"非暴力运动"在美国的可行性。"非暴力运动"来源于甘地的"非暴力不合作"的主张,即不采用暴力的方式,以和平、不流血的手段争取自己的权益。"罢乘运动"结束后,金拓宽了"非暴力"的范围,掀起了"入座运动"。

当时的美国有很多酒馆或公共场所专门为白人开设,而拒绝为黑人服务。金的非暴力抵抗的思想在大学中已经非常流行,一些思想进步的大学生自发地组织起来,顺应金的思想,开始了"入座运动"。

"入座"的具体做法是,平静地进入每个拒绝为黑人服务的地方,礼貌地提出接受服务的要求,得到方能离开。这一运动在短短的两个月中,席卷了美国南部50多座城市。参加运动的学生大多训练有素,他们服装整洁,谈吐高雅,以诚恳的目光请求服务,遭到拒绝后骂不还口,打不还手。他们不卑不亢、神情平淡。如果得不到服务,就坐在那里学习,直到有人招待为止。

当然,运动中也有一些学生因为扰乱社会治安等罪名被捕入狱,但他们依然一如既往。金在

青年时的马丁·路德·金

第三章 海外英雄

这个时候提出了"填满监狱"的口号,号召人们不要因为坐牢的恐惧而放弃运动。他这种无畏的精神感动了在困境中的学生们,激励着他们继续奋斗。而"入座运动"也最终取得了局部的胜利,大部分的非黑人服务区开放了场所,为黑人提供了平等的享受服务的权利。这也是马丁·路德·金在争取种族尊严中的一个巨大的成就。

在整个黑人争取种族权利的进程中,金起到了一个导师、代言者的作用。1963 年 8 月他发表的代表全美黑人心声的《我有一个梦想》,轰动世界。

我梦想有一天,这个国家会站立起来,真正实现其信条的真谛;我们认为这些真理是不言而喻的:人人生而平等。

我梦想有一天,在佐治亚州的红山上,昔日奴隶的儿子将能够和昔日奴隶主的儿子坐在一起,共叙兄弟情谊。

我梦想有一天,甚至连密西西比州这个正义匿迹,压迫成风,如同沙漠般的地方,也将变成自由正义的绿洲。

马丁·路德·金在演讲

我梦想有一天,我的四个孩子将在一个不是以他们的肤色,而是以他们的品格优劣来评价他们的国家里生活。

我梦想有一天,亚拉巴马州能够有所转变,尽管该州州长现在仍然满口异议,反对联邦法令,但有朝一日,那里的黑人男孩和女孩将能与白人男孩和女孩情同骨肉,携手并进。

我梦想有一天,幽谷上升,高山下降,坎坷曲折之路成坦途,圣光披露,满照人间……

金这一篇饱含感情、精彩异常的演讲,道出了美国黑人心里埋藏已久的话语。百年来的压抑,百年来的孤独,都在这一篇文章中得以宣泄出来。马丁·路德·金从此被称为"黑人之音"。他敢言黑人之不敢言,敢为黑人之不敢为。金作为黑人的代言者,成为那个时代全世界争取人权的代表,他也因为自己做出的杰出贡献荣获了诺贝尔和平奖。

俗语说"树大招风",金被一些白人视为眼中之钉,欲除之而后快。1968 年,金被暗杀于一个公共场合。全美的黑人群情激愤,局部地区发生暴乱,要求严惩凶手。美国政府迫于压力,判处凶手 99 年有期徒刑,剥夺政治权利终身。

金的死亡,给全世界爱好和平、争取民权的人们带来了极大的打击。应该说,金在一定程度上改变了美国的历史,使黑人受歧视的现象得到了很大的改善。虽然他已长眠地下,但是,他对公正平等的梦想却是罪恶的子弹所无法抹杀的。

马丁·路德·金接受采访

# 商界精英
## 比尔·盖茨

弃学创微软
和平年代造辉煌

如果你还在为家里的油盐酱醋而斤斤计较，如果你还为日渐消瘦的钱包而愁云满面，这个人，你一定会常常挂在嘴边。因为他的财富，已经达到了世人共羡的程度。他，不仅是商海精英追逐的目标，他的影响更逐渐深入到普通老百姓生活之中。这个人，叫作比尔·盖茨。

1955年10月28日，美国西雅图市的一间普通的民房里，诞生了一个幼小的生命。谁也不曾知晓，就是这样一个普普通通的小男孩，却在多年后，多次成为世界首富，改变了全世界人民的生活。

比尔·盖茨

幼年的盖茨和两个姐姐生活在出生地西雅图。在就读于湖滨中学时期，盖茨开始对电脑产生了浓厚的兴趣，13岁的时候，已经可以自己编写一些简单的程序了。1973年，盖茨以优异的成绩考入哈佛大学，在这里，他接受了更加先进的计算机技术，还结识了微软的首席执行官史蒂夫·鲍尔默。因为当时的计算机领域属于新兴的行业，法律尚未涉足。受黑客文化的影响，在计算机的世界里，知识与创意是被共享的，不存在知识剽窃这一说。年轻的盖茨发表了著名的《致爱好者的公开信》，在公开信中，盖茨认为计算机软件将会有巨大的商业潜力，计算机行业将迅速发展成为新贵行业。他主张计算机软件应该涉及版权的问题，法律应给予规范，计算机爱好者们应该购买正版的软件，而不是随意地复制电脑程序。这封公开信一经发表，立即在计算机界掀起了轩然大波。人们头一次开始注意到版权的问题，而相关部门也给予了相当的重视，制定出了切实可行的法律，规范了杂乱无章的计算机市场，保证了计算机行业的健康发展。

在哈佛的几年里，盖茨把大量的时间和精力投入到新软件的研发之中，他也在这里认识了一批志同道合的朋友。他们在共同努力之下，为第一台微型计算机 MITS Altair 开发了 BASIC 编程语言的一个版本，迈出了他们这个合作团体尚显稚嫩的第一步。

大学三年级的时候，盖茨放弃了在哈佛学习的机会，与孩提时的玩伴保罗·艾伦建立了微软公司。一群踌躇满志的年轻人，本着"计算机将成为每个家庭、每个办公室最重要的工具"的理念，在一个未知的舞台上，尽情地发挥着自己的才能，实现着青

春的价值。到了今天，这些当年的年轻人都已步入中老年，而全世界，也早已认同了他们的价值。微软在盖茨的领导下致力于开发、改进软件技术，重视长期的发展，每年用于科研开发的经费超过 50 亿美元。这样重视科技生产力的公司，当今世界上也只有微软了。

据美国著名的财经杂志《福布斯》公布，在全球富人之中，盖茨连续 13 年蝉联首富。有这样一个数据：据说把盖茨的所有资产兑换成百元美钞并排铺成两米宽的道路，其长度可往返地球、月球之间数十次。由此可以想见盖茨的身家财产到底有多少了。有人说，盖茨的成功是大家努力的成果，是微软所有工作人员的共同财富。这种说法确实有道理，可作为操控

e 时代新英雄比尔·盖茨

微软这艘航空母舰的船长，比尔·盖茨敏锐的洞察力和无人能及的先见之明确实为

第三章　海外英雄

微软的导航起了重要的作用。这里的一件小事，足以说明这一切。

80 年代，由于信息资讯的迅速膨胀，以往的信息载体已经不能满足当今各行业的需求。盖茨在这个时候领导微软大力开发 CD—ROM，开始开发光盘为新的数据储存媒介。光盘体积小、信息承载量大、便于携带，很快成为移动存储的主流，直至今天，仍然发挥着重要的作用。应该说，如果没有盖茨的远见卓识，CD—ROM 和光盘的使用和推广就要延后，人类的文明也可能推迟几年。盖茨凭借个人的能力，不仅把微软推向顶峰，更为人类的进步做出了极大的贡献。

为了表彰盖茨在英国的企业发展、教育、就业等方面的杰出贡献，英国女王授予其"英帝国爵级司令勋章"（KBE）。这是女王授予外国公民的最高荣誉称号，足见其贡献之大，影响之深。

盖茨同样热心于公益事业，他与夫人一起创办了慈善组织比尔和梅琳达·盖茨基金会。该基金会积极为贫穷学生提供助学金，帮助进行艾滋病防治，在不少社会问题的解决中，发挥了重要的作用。另外，盖茨还经常匿名捐助全世界因为自然灾害或是疾病而无家可归的人们，比如东南亚的海啸、印尼的火山爆发，盖茨都曾伸出援手。

比尔·盖茨在演讲

在世人的眼中，盖茨可能像财神一样，或是像印钞工厂一样，只需静坐家中，巨额财富便滚滚而来，源源不绝。但实际上盖茨的事业并不是一帆风顺，他也面临多重的压力和挑战。程序设计、商业活动占据了盖茨生命中的大部分时间和精力，在费尽心思对付 IBM、Linux 等强劲对手的同时，又要抽出时间打理公司和应付无止境的官司。但盖茨有着良好的心态，他总是以一种积极乐观的态度看待眼前所发生的一切，即使是输掉官司，他也一笑置之。